非诚勿扰

If You Are The One

III

婚前婚后实用知识大解读，
教你经营与呵护人生良缘

婚礼技巧全程指导，
你轻松操办最完美的婚姻大事

结婚
进行曲
Wedding March

结婚必看婚礼必备的**婚姻幸福指导书**

月老凡间 / 著

中国华侨出版社

图书在版编目(CIP)数据

结婚进行曲 / 月老凡间著. —北京：中国华侨出版社，2011.01
(非诚勿扰3)

ISBN 978-7-5113-0895-5

Ⅰ.①结⋯ Ⅱ.①月⋯ Ⅲ.①婚姻–通俗读物 Ⅳ.①C913.13-49

中国版本图书馆CIP数据核字(2010) 第226628号

●结婚进行曲

编　　著 / 月老凡间
责任编辑 / 文　锋
版式设计 / 詹湘波
经　　销 / 全国新华书店
开　　本 / 710×1000毫米　　1/16开　　印张/13.5　　字数/200千字
印　　刷 / 北京市昌平前进印刷厂
版　　次 / 2011年1月第1版　　2011年1月第1次印刷
书　　号 / ISBN 978-7-5113-0895-5
定　　价 / 29.80元

中国华侨出版社　北京市朝阳区静安里26号通成达大厦3层　邮编：100028
法律顾问：陈鹰律师事务所
编辑部：（010）64443056　64443979
发行部：（010）64443051　传真：（010）64439708
网　址：www.oveaschin.com
e-mail：oveaschin@sina.com

美满的婚姻，需要用心去经营

冯小刚导演的《非诚勿扰》两年前火爆一时，赚足了票房。《非诚勿扰2》乘胜追击，即将闪亮登场。

尽管饱受争议，但各大电视台的婚恋栏目却是备受追捧，尤其以江苏卫视的《非诚勿扰》最为令人瞩目，一度红得发紫，收视率高得惊人。

至于其他影视节目，无论是韩剧《我们结婚吧》，还是赵宝刚导演的《婚姻保卫战》，都有众多粉丝，人们天天准时出现在电视机前，如醉如痴，意犹未尽。

这些节目的热播，无疑反映了"婚恋"已经成为当下最炙手可热的话题之一。越来越多的单身男女投入到相亲、恋爱、结婚的热潮中，希望早日告别单身，收获属于自己的幸福。更有不少幸运者，经过或顺利或坎坷的相亲、恋爱旅程，成功地步入了婚姻殿堂。

有道是：洞房花烛夜，金榜题名时。人生中最美好的一刻终于在企盼中如期而至了，可是，你真的准备好了吗？在激动、忐忑之余，下面几个问题你是否冷静思考过：

你的婚礼该如何筹备，需要注意什么？

春宵一刻值千金，你又打算如何度过？

婚后的蜜月旅行，你是否有了绝妙的计划？

婚姻中的男欢女爱，你准备如何享受？

婚姻内需要处理的各种关系，你将如何应对？

婚姻生活的点点滴滴，你如何去经营？

毕竟相爱多年，也期待了许久，在最最激动人心的一刻，怎样将自己的婚礼举办得最成功、最完美、最没有遗憾？怎样保证婚姻生活幸福、美满，历久弥新？

相信，每一对新人都会对此充满憧憬和不安。

月老凡间生性好管闲事，酷爱成人之美。数年间，分别以好友、嘉宾、主持、策划等不同角色参与并帮助筹办过多场婚礼，见证过一桩桩美好姻缘，也目睹过一对对欢喜冤家，并作为高参解析过多种婚姻生活的疑难杂症，提供过无数贴心的指导，在积累了丰富的经验之余，也收获了感激和溢美之词。

月老凡间相信，好东西当然应该大家分享。一件件或成功或失败的案例，不断印证着月老凡间的一个重要信念：美满的婚姻，需要用心去经营。因为感悟良多，加之经验丰富，现在，我准备和你慢慢分享。

月老凡间希望通过本书与你分享的，是一部金玉良缘的经营秘笈、男欢女爱的枕边宝典。因此，本书的内容力求详尽、实用，涵盖的内容从恋爱、求婚、结婚登记办理、婚礼日期选择、装修新房、物品购买，到婚前心理、生理调适、婚礼妆容和服饰、婚礼流程，再到新婚之夜、蜜月指南、两性之爱、家庭关系，为你的婚姻生活保驾护航。

本书是"非诚勿扰三部曲"系列图书中的第三部，面向在相亲、恋爱中修成正果的你，逐一讲述婚姻各个环节中的话题。书中既详细阐述了婚礼仪式的各项流程，又全方位解答了婚前婚后面对的各种困惑，是国内第一本对婚礼流程乃至婚后生活的方方面面提供全程指导的参考书。书中尽量做到没有赘言，唯有实用。只要你一册在手，保证你的新婚生活在优美的旋律中顺利启动，并指引你走过婚姻中的风风雨雨。

百年修得同船渡，千年修得共枕眠。

愿你与本书的邂逅，陪伴你与另一半一生的牵手。

当然，还有你们的好运和幸福！

C目录
Contents

Chapter4
第四章 婚礼进行曲

Chapter7

第七章 婚姻交响曲

非诚勿扰 III

第 一 章

恋爱幻想曲

幻想曲（fantasia）是一种形式自由洒脱、令人浮想联翩的乐曲。十六七世纪的幻想曲常由管弦乐器或键盘乐器演奏，多用复调模仿手法自由发展主题。幻想曲最初来源于即兴创作，它的形式很少符合任何教科书中所提到的音乐形式，自由是它最主要的特点。

恋爱，正如充满美妙情思的幻想曲，它有如梦似幻的意境，有富于遐想的空间，还有奔涌倾泄的旋律，令人产生沉浸其中而不能自拔的绝美感受。

你憧憬过甜美的爱情吗？你的恋爱是充满幻想的吗？你曾被真挚的情感打动过吗？随着音乐来跳舞吧，让自由的音符挖掘出你内心深处的激情，将你所有的心绪尽情挥洒出来吧，让恋爱的味道充满空气，在晚风中飘荡，任奔放的音乐遐想自由驰骋——在这个心醉神迷的季节。

一条神秘而永恒的爱情公式

爱情只有用真心灌溉才能茁壮成长。

你知道吗？在这个世界上，有一条神秘而永恒的爱情公式。这个公式是所有恋爱战略的基础，是见证了无数伟大爱情的幸福定律。

这个公式就是：

L=H（M+C+D）

L=love（爱）

H=heart（真心）

M=method（方法）

C=courage（勇气）

D=development（自我发展）

很多人对此深信不疑：只要我遵循这条爱情公式，就一定能得到世界上最幸福、最纯粹的爱情。那么，具体该怎么做呢？

一方面，在对待对方时必须将真心、方法和勇气有机结合起来，另一方面，也要注重自我的发展，不断调整和对方的协调度。换言之，你必须要提高上述公式里面的每个元素的数值，才能够提高恋爱成功的概率。

但是，如果没有真心的话，这个公式的值将为零。

爱情，只有用真心灌溉才能茁壮成长。社会虽然现实而残酷，但真诚是永不落伍的品质。真爱无处不在，无论是现实中还是网络中，无论轰轰烈烈、曲曲折折还是平平淡淡，真爱是永远存在的。

真爱也需要呵护和珍惜，即互相信任、互相理解。恋人们要学会用心去包容对方，尊重对方的思想和主见，在背后多多支持他（她），多微笑，少埋怨，如果可以，请尽量把自己内心的脆弱和委屈收藏起来，不要让爱成为恋人的负担。

爱是无私无悔、清洁纯净的，甘愿为他（她）做任何事情，只要他（她）开心快乐，这样的爱才叫真爱。

每个人都需要爱情，哪怕只有一次

真正圆满的爱情可遇而不可求，如果你有幸遇到了，一定要紧紧抓住。

每个人都需要爱情，虽然可能最终一无所获；

每个人都需要爱情，虽然爱情的力量并没有想象中那么巨大；

每个人都需要爱情，虽然爱情经常伴随着伤害；

每个人都需要爱情，或者说，每个人都应该追求爱情，哪怕一生只有一次。

来自于不同家庭背景的两个人，接受着两种不同的教育，养成了两种不同的生活习性，身怀不同的秉性与素养，各自又谱写着不同的人生经历……却要，为了爱，走在一起，这，就是爱情的力量。

当然，很多时候，仅仅有爱是远远不够的，因为爱不是万能的，爱往往都是自私的。

但，相爱一定是故事发生的前提，相吸—相知—相爱，而爱，也仅仅是漫长人生的开始，婚姻生活中，还有很多需要面对与解决的问题。相处比之于相爱，更难。所谓"相爱容易相处难"正是这个意思。

真正幸福的婚姻是这样的：相爱—理解—忍耐—包容—扶持—偕老。最相爱的情侣也会经历期待、痛苦、彷徨、感伤、挣扎，但最终他们收获了幸福、愉悦、释放、安逸和祥和。

这一切，都源于一个原因：爱。

恋爱中必须完成的两项心理任务

用"诚意"去找到你的另一半。

有很多人，恋爱了多次，也失败了多次，但始终不懂得如何谈一场真正的恋爱。事实上，爱与被爱，都是一种需要学习的能力。

一段感情的成功与否，不是看是否还牵手，而是由感情品质决定的，很多时候牵手不代表成功，分手不代表失败。关键是看在这段感情中你是否完成了两件重要的恋爱心理任务。这两项重要的心理任务是：

一、更了解自己的内心需求。

二、培养爱的能力，学会疼爱别人。

要完成这两项心理任务并不容易，你不但要了解自己，更要了解对方的心理需求。

恋爱中的心理需求

男生的心理需求：

1. 自身的能力被肯定。他时常会关心自己是否让人瞧得起。

2．才华被欣赏。也许他有些嗜好和才华与其工作完全不相干，但你仍须学会喜爱和尊重。

3．努力被感激。他对你以及对这段感情所做的努力需要被感激。

女生的心理需求：

1．时常被关怀。虽是日常的唠叨，请你耐心倾听。

2．再三地被肯定。她可能一而再再而三地询问你是否爱她。其实她只是需要再三地肯定，你需要给她信心。

3．想法被尊重。她可能会有很多想法，有些甚至不切实际，你可以否定它们，但是，请一定不要嘲笑它们。

恋爱中的人如果掌握好以上几项心理需求，就能更加了解自己的恋人。能经常性地为对方着想，不断积累恋爱经验，也就能直接提升自身魅力。

如何第一次搭讪就成功

敢同美女搭讪的才是真男人。

你会搭讪吗？如何第一次搭讪就成功？

赶紧学几招吧，说不定，转过那个街角，你就会邂逅心目中的她。

错过了自己心仪的女孩，90%以上的扼腕是这样的：她突然出现了，正是你心仪的人，可是，还来不及想出接近的理由，你稍一犹豫，她转瞬不见了踪影……以下是适用于这些紧急情况下的搭讪：

一、诚恳地表明来意

"我只是想来跟你打个招呼"——直接是最好的开场白。国情决定我们不可能像西方人一样初次见面就像认识了500年那样熟络。经验显示，只有当美眉确定你不是骗子，不是推销产品的，不是拉客的，不是做街头调查的，也不是一个坏人，而是大大方方来交朋友的，她才可能接纳你。你的行为证明了她的吸引力，这是一种莫大的尊重，直截了当就是一种最诚挚的表现。

二、表达她第一眼带给你的感受

解释"你为什么想认识她"，你想去搭讪一个女孩，她必然有你想认识她的原因。尽量不要用"漂亮"和"有气质"这种俗套的词汇，而可以是"你的出现令我眼前一亮"、"不过来和你认识，我这一天都会很纠结"等这些具体的感受，每一个女孩子都希望自己是独特的，那个懂得欣赏她的人来搭讪，她是很开心的，同时你的借口也是一个她能和你聊下去的理由。

三、选择权留给她

女孩不一定都有那么多空闲时间，这时你可以问她是否有空，如果有事要离开，可不可以先留下电话号码或网络联系方式，改天再聊；如果不急，就慢慢边走边聊。一个彬彬有礼的搭讪者，女孩一般是不忍心拒绝的。

四、先介绍自己，再提问对方

开始阶段，如果你想问她什么问题，请先说出你自己的相应部分。先打开自己的心扉，才能打开话题。很多搭讪初学者会变成"查户口"的，总是一直在问对方问题，比如："你叫什么名字？""你做什么工作？""你来这里做什么？"这些话语很不礼貌。不是不可以问，但你问每一个问题之前，请先说出你叫什么名字、你做什么工作、你来这里做什么，只要说得有趣一点，很容易就能展开话题。先表达自己，再把问题抛给对方，这才是一个彬彬有礼、富于智慧的搭讪者应该做的。

五、适时发出邀约

如果聊得投缘，可先发出简短邀约，比如坐下来喝杯东西。只要聊得好，而她又有时间，喝东西可以变成吃饭，看电影……可以一直进阶邀约，直到她表示不方便即适可而止。要电话号码并不是搭讪的首要目的，搭讪的目的在于形成良好的交流。

六、该搭则搭，但不要变成跟踪者

女孩的背后都是长眼睛的，特别是漂亮女孩，因为她们经常被人关注，反应都是很灵敏的。有些搭讪者因为下不了决心搭讪，就先一路跟着，他以为自己的跟踪技巧很高明，其实女孩早就发现了。而在被女孩发现却没有出手的这段时间里，他就被先入为主地判定为无聊的跟踪者了。等到他终于鼓起勇气开口，话都没说完就很可能被拒绝了。

怎样成功约出女孩子

想认识一个女孩子不难，但要成功约出一个女孩子却很难。

怎样将心仪的女孩子约出来，这是个难题。有难题就有解决的办法，有些男人就很擅长约会女孩子，而且成功率出奇的高。他们是怎么做到的呢？下面，我们就透露一些简单实用的方法，让你在向心仪的女生发出邀约的时候更有把握一些。

一、思想上的准备

你要做到：每次走出自己的家门，多想想自己的长处。你的外貌其实并不那么重要，不会过多影响你在公众面前的形象，自信和涵养最重要。你随时有可能遭遇自己未来的恋人，一定要提前培训自己的修养和品行。

二、在衣着上做好准备

平时要提高自己的衣着品位，时刻做好准备，随时都能在一种良好的状态下对女孩子发出邀请。得体的穿着和新鲜的气息是个好的开始，这能向女孩子表明你很在意和她的这次约会。并不需要昂贵华丽的衣服，对大多数人来说，一件200元的衣服和一件1000元的衣服看起来没

什么差异。口腔卫生必须要注意，必要时吃块口香糖，清新的口气会令你拥有靠近心仪目标的信心。香水也许会有用，但记得千万别过量。

三、对着镜子演练

如果自己的口才不够好，平时可以多做一些针对性的训练。练习一段邀请女孩子的开场白，同时注意肢体语言。你看起来紧张吗？努力表现出一种放松、愉快的神态，你自然就会充满了吸引力。谈话的时候要拿捏好分寸，可以把恭维和赞美作为开场白，但不要一味奉承，只要你心仪的女孩有一定的自知之明，过分献媚就不是好选择。

四、果断是必不可少的男人味

果断是男子汉气概的表现，约会过程中有许多时候都需要男人拿主意，包括约会的时间、去哪里、做什么。因此，你一方面征求女孩的意见，一方面也要有自己的想法和决断。比如："下班请你去巴西餐厅吃

饭噢"就比"想请你吃饭，去哪里呢？"效果好得多。同时，女人喜欢果断的男人，但不是武断的男人。约女孩子就像钓鱼，需要慢慢递进，当你不确定女孩是否对你有好感时，唐突的行动只会吓走她。

五、耐心也是新好男人的必备武器

耐心是一种成熟的品质，是人生经过历练之后的沉淀。耐心地与她交谈，找出她的喜好和厌恶；一起娱乐时，把你的一技之长教给她；外出游玩时，耐心陪伴掉队的她；利用自己的常识和经验，细心照顾她的生活和工作。女孩子对你的好感就是在一件件看似平常的小事中积累起来的。

这些约会技巧也许并不能使你第一次就取得成功，如果被拒绝了你也不要气馁，多试几次，好男儿从不轻易放弃。

让男士头疼的最佳约会地点

约会地点是制造惊奇、掳获芳心的重要因素。

恋爱中的人，常常会被幸福和喜悦冲昏了头脑，变得晕头转向，甚至分不清东西南北。于是，很多恋人在选择约会场所的时候，总是会大费周章，费了半天劲儿也找不到一个双方满意的地方。

如何安排好两人的约会，时间、地点该怎样选择，绝对是一项技术活儿。它饱含着你的智慧、修养、品位与创造精神，更是一个制造惊奇、掳获芳心的好时机。如果约会地点选得好，说不定会产生意想不到的效果，令你的伴侣从此对你刮目相看。

选择约会地点首先要尊重对方，投其所好，其次才是情趣和创意。

一、公园

逛公园是谈恋爱的常见的节目之一，当然也是最老套、最省钱的方式，只有玩出新意，才能既达到目的又节省银子。

情侣们不要呆呆地坐在公园的椅子上，而应该四处走走，荡荡秋千，身体活动起来后，有助于消除双方的紧张情绪。同时，男生可以带女友玩玩儿童游乐项目，最好是惊险刺激些的，这样男生就可以扮演护花使者的角色了。

二、街角散步

也可以称作"轧马路"或是"量马路"，可别小看这个土得掉渣的节目，这个节目灵活性大，可以随时上演。"轧马路"尤其适合谈话，当你们之间有重要话题时，可以选择"轧马路"；当你们的关系有了进展时，也可以选择"轧马路"。夜幕低垂，你与女伴走在安静的、洒满月光的小路上，你让她走在人行道的内侧，她会感受到你的贴心与呵护，除此之外，两人的距离还可以自由把握，不过，这就要看具体情况和你的胆量了。

三、舞池跳舞

如果想找一个性格开朗的伴侣，选择这一地点的的好处就太多了。但第一次约会，最好选择相对保守的舞场，熟稔以后，也可以对方商量着选择舞厅的类型。不管怎样，跳舞是考察对方性情的最佳方式。

四、运动场

可供选择的运动项目实在太多：爬山、打球、游泳、滑雪、骑马等，最好挑一样你最擅长的，适时地教一教女伴，充分展现你的矫健和耐性。自己玩得尽兴的时候，也不要忽略对方，两个人都玩得开心才是最完美的结果。

五、电影院

如果两人都喜欢电影，在影院进行约会便是最好的方式了。男生不妨陪女生看一些她喜欢的电影，要在事

前做好功课，对影片的演员、拍摄背景多做一些了解，你的功夫是不会白费的。

六、餐厅

可以选择一些较有特色的餐厅，显示出你懂得享受生活、绝不沉闷的个性。那些格调高雅而整洁的小餐厅，有着异国情调的西餐厅，或者大厦的顶楼餐厅一般都是不错的选择。最好你要对选择的餐厅比较熟悉，知道那儿的气氛如何，价格如何，这样还可以为女孩介绍好的菜品。用餐的时候，最好找一个角落位置，闹中取静的地方能够减缓女生的紧张情绪。还有一个小窍门，不妨请她坐在背对入口的位置，这样容易使她把大部分注意力放在你的身上。

七、剧院、音乐厅、博物馆

这里是展示你良好修养的场所，如果你的朋友性格文雅沉静，那这些安静的地点就更能为你们的约会加分了。但要记住一点，双方交谈的时候，千万不要不懂装懂，无知和贫穷一样，一旦让对方知道你故意隐瞒或是歪曲事实，结果一定不妙。

八、游乐场

游乐场容易使人兴奋的场所，适合营造一种热烈而开放的气氛。我们不妨设想，双方间的谈话多起来后，彼此的关系也很可能会逐渐变得亲密。

九、爬山郊游

郊游是一种适合全人类参加的运动，接近大自然的时候，会令双方的心情都变得愉快起来。如果彼此还不太熟，最好再找一对情侣，四人结伴去，效果会更好。

十、慈善场所

请她一起去做一天义工，与老人和孩子们待在一起，这样做既能显示你的爱心，也是真正帮助了他人。还可以借此来考察她的性情——一个愿意帮助弱小者的女孩，几乎就是一个好太太和好妈妈。

最后需要提醒赴约的女孩子注意：与不熟悉的朋友约会，一定要注意自身安全。对不安全的场所或可疑的情况，要敢于说"不"。如果是与从未谋面的网友第一次约会，那就更应该小心。

十个话题搞定初次约会

第一次约会，你心里一定有些紧张吧，是不是总不知道该说什么，又怕说错什么？其实，如果先确定了话题，就比较容易展开轻松自然的谈话了，合适的话题还能使对方产生与你交谈下去的兴趣。下面就是常见的十个话题，男女通用。

一、喜欢的美食

谈谈各自喜欢的美味吧，这是一个令人愉快的话题。谈论美食，你不仅能了解对方的口味，找到共同点，而且，如果对方有拿手绝活的话，一定要不失时机地夸一下，接着问对方："听得我都流口水了，哪天让我一饱口福吧！"就算对方知道你的话只是一种恭维，但也会很受用。如果你也有一手，别忘了适时邀请对方品尝你的手艺。

二、各自的爱好

你喜欢什么运动？对方喜欢听什么音乐？这些问题是约会必备的话题，既可以了解彼此的兴趣爱好，为下一次约会做好铺垫，又可以展示自己的才华，还多了一个赞美对方的机会。

三、旅游经历

你以前去过哪些地方旅游？这个问题谁都会很乐于回答，也不会对你产生戒心。请对方介绍一下自己的旅游经历，你只需做一个忠实的听众；接着，你可以再主动一些，问对方还想去什么地方。如果你觉得这个地方可行，那你的表现机会就来了，你可以勇敢地说："我也一直想去那儿，哪天我们一起去吧！"从对方的反应，也可以看出对你是否有好感。

四、儿时的理想

聊聊儿时的理想吧，哪怕只是一些没有实现的理想，你可以把自己小时候一些可笑的想法告诉对方，甚至是自己的糗事，说出来逗对方开心。这样的话题既轻松愉快，又能增进感情。而且，如果对方对这个话题有兴趣，可以让他（她）多谈，这样谈话的气氛才会更加浓烈。

五、学习生活

能谈谈你在大学的生活吗？目前在学习什么？让对方聊聊自己的学生生活，包括有趣的校园往事、取得的各种荣誉、掌握的专长等，这些都能让对方提起兴致，侃侃而谈。

六、工作情况

这个话题比较适合女生主动提起，如果他毕业后已经工作了一段时间，谈谈工作是一个不错的选择。如果对方愿意，甚至可以听他谈谈工作中的烦心事，因为这些话题，并不经常有机会向别人倾诉。借此，女生还可以了解对方的个人抱负，他对工作和前途的态度等，这真的是一个经典的好话题。

七、兄弟姐妹

初次见面谈点什么好呢，谈谈父母吧，不够妥当，显得太唐突了。如果对方家庭不够幸福，这个话题可能会引起不快。通常的话题是谈谈兄弟姐妹，聊聊对方身边的亲人，既可以加深了解，活跃气氛，而且你表现出的想了解对方家庭的态度，说明你喜欢对方，这样也容易赢得对方的信任。

八、身边好友

互相聊聊彼此的密友，也许你现在还不认识他们，没关系，总有认识的一天。这也是你了解对方的大好机会。想和对方继续发展吗？从了解对方的朋友开始吧。如果碰巧你们还有共同认识的朋友，那就最好了，这样会立刻拉近你们的距离。

九、别提及旧爱

初次约会，不要提起对方的旧爱，第一次约会绝对不适合谈自己和对方的情史。也许对方避讳曾经受到的伤害，也许对方还处在失恋的痛苦中，这时候，绝不能自以为是，企图开导对方、安慰对方，这样做往往会适得其反。想取悦对方，就让对方谈谈那些令人开心的往事吧，你的目的是赢得对方的好感，而不是当个心理专家。

十、发出邀请

这一点主要针对男士。如果你们谈得很开心，彼此的观点也很一致（如何一致就看你的本事了），两人的距离就会越来越近。你可以不经意间发出第二次约会邀请，比如："我知道有一家餐厅比今天的菜还好吃……"但记住不要操之过急，以免吓着女生。如果她对你有好感，就不会一味矜持，多约几次，总能如愿。

跟女伴聊天的秘诀

跟女伴聊天的秘诀究竟是什么？你认真思考过这个问题吗？

为什么有些男子总是能跟女伴有说有笑、侃侃而谈，而有些男人却怎么都无法激起对方的谈兴？是的，很多男人先天条件并不优秀，但通过高超的言语技巧，他们反而更能够捕获女人的心，相信你一定也目睹过类似的情形。

法国哲人伏尔泰说过："给我10分钟，我光靠这张嘴就能说服任何女人。"当然，我们无法判定这句话中吹嘘的成分有多少，不过我们可以大胆推测，男人的嘴巴是很有潜力的。因此，我们才说，一场好的感情是"谈"出来的！谈话高手必备的三大基本能力是：

一、必须学会聆听

女性很讨厌那些滔滔不绝、喜欢打断别人说话、从头到尾只顾自己的男性。新时代的女性很聪明，她们看得太多也听得太多，你的话里有多少水分，哪里该打什么折扣，反映出你是怎样的人，她们大多心里有数。追根究底，很多女人早已有了自己的一套规则去评估男人的真伪。

成功的沟通是双向的。尤其当女人肯开口时，你最好竖起耳朵仔细聆听。女人肯对你说话未必代表喜欢你，不过起码你已经让她产生初步的信任。当男女之间的吸引建立在信任的平台上，这段关系才算稳固。

当然，聆听的主要目的之一就是：搜集信息。你可以直接从女人口中得知：她渴望什么、讨厌什么、在意什么，以及她对世事的态度与价值观。

二、恰当地发问

除了聆听，男士们还应使用开放式的问题去引导女人说话，才能更有针对性地搜集信息。

富于语言技巧的熟男有时会忽然正经起来："你觉得工作对你来说最大的挑战在哪里？"或是"你觉得谈一段感情最重要的是什么？"或是"我想知道你对人生的看法。你认为人的一生应该追求什么？"这就是所谓"发问"的能力。细心观察一下会发现，成功的节目主持人，都是发问高手。

除了搜集信息，发问也是制造话题、延续话题的关键技巧。很多男人都担心没有话题可聊，解决这一问题的方案就是敏锐的观察力，利用"提问"的方式去引导交谈的方向。比如，看到女生手上提着可爱的包包，你就可以很自然地指向它："哪里买的？"当她回答说，是在网络上拍到的战利品，你就可以切入"网络"这个主题，从拍卖乐趣到网络恋情，有讲不完的题材啊！

其实，聊什么话题并不是最重要的，两人聊天的关键在于"气氛"。有时候，你并不须刻意局限话题，如果营造的一个简单的气氛，让女生感觉跟你聊天很舒服，她就会享受聊天的过程，以后就会乐于与你交往。

三、会讲故事

比如：男人可以这样说："认识一个人的过程就像拆礼物一般（手势指向自己），在它赤裸裸地呈现在你面前之前，你永远不知道它会为你带来什么样的惊喜。"

男人把自己比喻为礼物，暗示她应该以期待的心态去认识自己，又将暧昧蕴藏在文字中，其中更深的意思就由女人去品读了……

同时，女人们希望遇到能够激发她们思绪的男人，换句话说，你若能适时发表你对事物的独到见解，或是点出不曾被别人察觉的微妙之处，并以类似"说故事"的情节作描述，你将能使她产生前所未有的悸动。

当然，聊天的能力不是凭空而来的。你给别人讲过笑话吗？笑话好不好笑，除了题材本身外，往往还要看事前的准备。同样，建议你多从日常生活中搜集题材，培养你对事情的敏锐度，到时候这些被你发掘出来的话题就会很自然地派上用场。

向女生示爱的十五条经典语录

示爱不是求婚，所以不要怕吓到对方，现代女性的神经早已足够坚强。

男人的一生中，能够遇到一个可以让自己心动的异性是很难得的，如果你有幸遇到了，就不要放手，勇敢地向她示爱吧。

示爱不是求婚，所以不要怕吓到对方，现代女性的神经早已足够坚强。

以下十五条语录是浴火奋战的恋爱前辈的呕心之

作，供你参考，请因地制宜地选择使用。经验表明，一句经典的表白是打动恋人心的绝好武器，并且，对于现在的女孩子，一句简单的"我爱你"已经没什么杀伤力了……

一

男：哎，问你一个私人问题。

女：什么？

男：你有没有男朋友啊？（之前要先做点儿调查）

女：没有啊！

男：要不要我给你介绍一个？

女：谁啊？

男：那人跟我同姓，叫做……（委婉而神秘地说出自己的名字）

注意表情要随意，不要太紧张，最好以开玩笑的语气说出来，这样即使她不接受你，气氛也不会显得太尴尬。

二

男：你有男朋友吗？

女：老套……（翻白眼）

男：有的话就好了！（神秘）

女：为什么？（惊讶）

男：我要跟他决斗！（激昂）

女：……（恍然大悟&微笑）

三

男：你能不能帮我一个忙啊？

女：什么？

男：我买了一把玫瑰花，你帮我养几天吧！

四

男：我们打个赌吧？

女：赌什么啊？

男：……（可以找出很多能打赌的事，即时发挥）你输了的话就做我女朋友，我输了的话就做你男朋友，好吧！

五

男：我想找个爱我的人做老婆，找个我爱的人做情人，你愿不愿意身兼两职？

女：……（羞涩）

男：不说话用动作表示也行——点头表示同意，摇头表示不反对，不点头也不摇头就是默认啦！

六

男：我家的狗最近老是吃不下饭，瘦得好可怜啊！

女：怎么了？它生病了吗？

男：没有啊，就是因为一直没有得到女主人的关怀，就食欲不振了。你要不要来看看它嘛？

（一般电话里比较合适，并且家里的确要有狗或其他小动物）

七

男：哎，想不想谈恋爱啊？

女：不想。

男：你一定有心理毛病，书上说这叫"爱无能"。

女：你才有毛病呢！

男：是真的，书上说，治疗这种病的最好方法就是谈一场恋爱！看在朋友一场的份上，要不我就牺牲自己拯救你一把怎么样？

也有可能是第二种美妙的情况：

男：哎，想不想谈恋爱啊？

女：想啊！

男：我也有点想，要不咱们凑合一下吧！

八

男：唱首歌给你听吧？

女：好啊！

（找一首有经典情话的歌曲，小声唱给她听，前提男生的歌确实唱得不错且经过了好好练习。唱完之后，把那句经典的歌词说出来，并深情地注视她）

九

男：最近我老是做梦，每天晚上都睡不好，哎……

女：怎么了？（关心）

男：我总是梦见一个人……（开始描述对面女生的外貌）你说，我不会是爱上她了吧！

十

男：哎，我这两天心情不好啊！

女：怎么啦？（关心）

男：我喜欢上了一个女孩，但是她条件太好，我自卑了。

女：啊！没关系啊，你也挺优秀的嘛！说说是谁嘛，看我能不能帮你……（热心&鼓励）

男：（真诚地盯着女生）那个人就是你啊！

十一

男：我爱你！

女：……（惊吓）

男：对不起，没吓到你吧，我不是故意的！这句话每天在心里翻来滚去，我实在是关不住它了。

十二

男：可以帮我一个忙吗？只有你能帮我了！

女：怎么了？（惊讶&关心）

男：求求你爱上我吧，我实在忍受不了你不爱我的日子了！

十三

男：如果我死了，你该怎么办？

女：你没事吧？（纳闷&怀疑）

男：我怕我死了后，失去了我的爱，你会枯萎。

十四

男：如果我想说"我爱你"，你会怎么办？

女：神经病！

男：我还是不能不说，要不你送我去医院吧！

十五

男：帮个忙行吗？

女：干什么啊？

男：帮我拿一下我的手，好吗？

别怕自己长得丑

相貌并非是爱情的唯一筹码。

很多男人因为相貌平凡，在爱情面前变得非常自卑。他们遇到美女，第一反应就是自惭形秽，不敢主动追求。其实，这种因为自身相貌产生的自卑心理大可不必，相貌并非是爱情的唯一筹码。只要你敢迈出第一步，貌不惊人的你抱得美人归也不是不可能的事。

一、要自信

如果你让女人觉得你因为长相丑陋而自卑，那么你就已经开始了失败的第一步。外貌对于男人来说，本来就不是最重要的。女人的心是不会被单纯的言语打动的，别把漂亮女人想得太肤浅了，她们可不全是花瓶。当然，你的自信需要你的优秀来支撑。

二、学会自嘲

在与女人相处的过程中要学会幽默式的自嘲，可以适当夸大自己的一些缺陷，将缺点当着一个笑话来说，即便缺点不能成为优点了，它至少也会给你们的谈话增添一些乐趣。这样的谈话方式容易给你自信，几乎所有女人都喜欢自信而幽默的男人。

三、美女未必配帅男

事实上，漂亮女人往往难以结识更多的男人。多数男人因为她出众的容貌而止步不前，认为她如此漂亮必然自视清高，必然名花有主，必然傲慢势利……敢于接近她的少数男人往往都是些情场高手，不过他们只是将她们视为猎物。有勇气与漂亮女人约会的丑男人都是对此一清二楚的人，他们知道在多数情况下，漂亮女人其实很孤独，她们渴望男人的真爱——爱她的整个人而不仅仅是她的外在。在这种情况下，有勇气的丑男人都是胜利者，因为他们不害怕失去什么，而且一旦得到，就会倍加珍惜。

四、诚信是一切男人的必备素质

虽说美女孤独，但也不是轻易能追到的，正常的美女不会无缘无故地喜欢一个丑男。

怎样才算合格的丑男呢？首先是诚实，你有多少优秀品质，就展示多少，丑陋而靠欺骗生存的谎话男是最令人厌恶的。同时，优秀丑男不会自视甚高、目中无人，他们会极尽低调，却又让女友保持自我风采；他们会把恋人当成感情生活的全部，100%付出，不求回报，且永不背叛。所以，漂亮女子会对那些懂得怜香惜玉、善于呵护恋人的男子情有独钟，这也能说明她们的成熟。

五、穿着得体

既然外貌无法改变，那就坦然面对。不用过分地修饰自己，只须穿着得体。既不要太随意，也不要太做作。平时也应注重培养自己的谈吐举止和衣着品位。

六、丑男怎样约会美女

首先，丑男要确定起两条与漂亮女人约会的基本策略。

第一，耐心守候。即耐心等待美女的出现并且积极寻找和发现具有美女潜质的女人。

第二，用心感动。对于那些因为极端厌恶漂亮男人们的爱情游戏而至今单身的漂亮女人来说，她们中的大部分最希望的就是有一个诚实可信、风趣幽默的男人为她带来稳定的生活。这就是说，他要给她一个女人希望从男人身上得到的一切——除了漂亮的脸。于是，丑男人需要有不俗的口才和丰富的涵养。

最后，请相信，只要你用心，美女不会永远当刺猬。

恋爱中的女士如何选择衣饰

女为悦己者容，坠入爱河的女子往往很在意自己的衣饰打扮。

如果你是个女孩子，如果你恰好又恋爱了，那就好好打扮一下自己吧，看看自己能美到什么程度。试试看，如果你做得足够好，你美丽的装扮会深深印在他的脑海中，成为他一生的美好回忆。

假如你明明觉得面前的男士对你很钟情，却总不能把注意力完全集中到你的身上，那么，蓝色服装会给予你一些帮助，尤其是浅蓝色，蓝色是唤起对方注意的颜色。

我们的生活中难免会出现一些不开心的事，巧借服饰的色彩来改善双方心态也是一个很不错的办法。如果男友满怀心事，你不妨选择些有明亮、清新色彩的衣服。

绿色是充满生机与活力的色彩，当你穿着绿色衣裙去和男友约会时，你会显得清新宜人，并且，绿色能让双方的心情都愉悦起来。

如果你的意中人工作繁忙，忙里偷闲来与你约会，那么你应穿些粉红、蓝色系的服装，或是清纯的白色，柔和色调的服装能帮助你的男友放松紧张心情，获得一种轻松愉悦的感觉。

当你身着精美的晚装与男友共进晚餐时，则要选择最适合表现你身材优势的服装款式和能够使你的皮肤看上去光彩照人的服装颜色。晚装多是吊带式、露背式、单肩式等，式样多半比较简洁、精美，选择起来不是很难。

如果你对男士的欣赏品位并不知晓，难以把握其欣赏风格，那么你的装扮最好以自然为主，并适当突出细节。

清纯的打扮受到很多年轻男孩子的喜欢，当你把握不住穿什么更有个性时，可以穿着最简朴的针织T恤加棉布长裤或牛仔裤，再配上旅游鞋或休闲鞋，这是最具活力的简洁装扮。当然，淑女的装扮也是非常可爱的，纯白色的亚麻布套裙、蓝白格子的棉质长裙配上棉质白衬衫，再加上一头飘逸的长发的组合，这样纯情、青春的形象是很多男孩心中的梦中情人。

恋爱中女性可以主动吗

为什么不能主动呢？爱人的心往往需要用积极心态来赢得。

很多女人都有这样的困惑：在恋爱中，女性可以主动吗？

答案是：当然可以。

有时候，置身情场，爱人的心往往需要用积极心态来赢得，你要做到"知己知彼，百战不殆"，要把中国古人的战争智慧，在社交场合和爱情生活中运用自如。

一、记住对方的名字

在男女交往中，免不了互相介绍，这时候你一定要全神贯注，名字是一个人最为重要的符号，你千万不可忘记他的名字，那样会让他觉得你过于高傲或心不在焉，引发他的自卑或埋怨。除了对方的名字，他的职业、籍贯、兴趣爱好、饮食口味等，都要牢记在心。如果忘记了，可以采取侧面了解的方式，从平常的交谈中得知。

二、不露声色地展示自己

中国人普遍有"含而不露"的群体性格，很多男性都喜欢含蓄、内敛的女性，在很多传统男性的眼里，性格过于开放的女性虽然可以做好朋友、好哥们，但却不是理想中的贤妻。因此，为了稳妥起见，刚开始交往的时候，你不妨表现得含蓄与内敛些，在不动声色中一步步展露你的个性。这样循序渐进的了解，往往来得更稳定。

三、把握好与其他异性交往的分寸

事实证明，男人的嫉妒心是一笔可以利用的资源。在大部分男人看来，一个被若干异性爱慕的女性

比孤家寡人般的女性的魅力要大很多，周旋在异性中间，只要你能得法，你所钟情的男子会出于嫉妒而对你产生兴趣，但是与异性相处的分寸非常重要。

"欲擒故纵"不失为一种好办法，但要记住物极必反，如果你的异性朋友众多，又与很多人关系暧昧，那么你在心仪男士心中的形象会大打折扣。

四、好女人必须具有母性

男人也有血有肉，遭受失败的时候他也会脆弱，这时，你一定要放弃自己的任性，像母亲鼓励孩子般不厌其烦地帮助他、激发他的斗志，千万不要冷眼旁观，更不要冷嘲热讽。许多美满的感情是在男人遭受失败的时候与他身边鼓励帮助他的女性缔结下的，而许多破裂的感情也始于男人遭受失败之时他耳旁的抱怨与嘲讽。

五、做一个驯兽师而不是斗牛士

两个人共同生活在一起，难免产生摩擦，特别是遇到困难时男人会脾气暴躁，怒火一触即发。这时候你一定要学会温言软语，先让他平静下来，再进行进一步交流，解决争端。事实证明，在与男人的冲突中，聪明的女人都能明白以柔克刚的道理，只有愚蠢的女人才会选择针锋相对。男人虽然争强好斗，但是就其本质而言，他们跟女人一样喜欢和平而非战争。

一个喜怒无常、经常像斗牛士一样怒发冲冠的悍妇是令人恐惧的，虽然据说这可以造就苏格拉底那样聪明智慧的哲学家和林肯那样伟大的总统，可毕竟这属于"小概率"事件，你敢去冒险吗？

六、百依百顺并不总是美德

男人喜欢温顺的女人，但是如果你对他一味顺从，他就会逐渐感到索然无味，因为爱情需要异质精神力量的碰撞，你的一直依顺，会让你失去自己的独立个性。当你跟他的步调完全一致的时候，你也就丧失了存在的必要性——既然你跟他完全一样，那么你的存在就显得多余了，他很可能会立刻把目光转向别人。

七、吃醋也要讲策略

对一个女人而言，小小的嫉妒是可爱的，它可以证明你在乎他，证明你对爱情的忠贞。然而如果整天酸溜溜的，动辄就酿一大缸醋，倾泄而出，那么你缺乏的正是一个好恋人、好妻子所应具有的宽广胸怀。特别是你毫无根据的胡乱猜疑，更容易让他满腔怒火。

两情相悦的基础是信任，醋太多会伤胃，更会伤感情。

八、要做一个变形金刚

太阳每天都是新的，人也是一种喜新厌旧的动物，当你的男人对你有所厌倦的时候，不要急着去批判、批斗，而应该冷静思考一下，是不是自己哪些地方落伍了？也许在忙碌的生活中，你早已放弃了自我成长。

爱情也会新陈代谢的，要想让你的感情永远焕发出青春活力，你就要时时改变自己，让他时不时能重温你们初识时的感觉。譬如，改变一下装扮，换一下发式，换一下菜肴的口味……当然最根本的还是你在精神面貌上的改变，可能，看到你在化妆技巧上的改进，他会高兴三天，那么，看到你在性格与思想上的进步，他会兴奋一整年。但注意，万变不离其宗，需要改变的是你的弱点，而不是优点，盲目地改变就不如不变。

假如你能掌握以上技巧，并灵活运用，相信你必会情场得意，无往不胜。最后要强调的是，战争的最高境界是"不战而屈人之兵"，也就是说战争是为了达到长久和平的目的。随着年深月久，当你们的感情进入水乳交融的境界时，不断地"征服"可能已无必要。

教你追到经济适用男

女人吸引男人的绝招，肯定不止一件。

"找一个能体贴照顾我的'经济适用男'，才有安全感，也才有家的温暖感觉。"——这已经成为当今女性择偶的新目标。于是，"经济适用男"一夜之间就像出土文物一般成为炙手可热的稀有资源。那么，作为女人，怎样吸引到经济适用男呢？这里有一些操练秘籍。

一、衣着：简单也可以是品味

"经济适用"男通常是理工科出身，脑袋没那么多弯弯，不习惯看五彩缤纷、层次太过丰富的着装。他们喜欢衣着简单自然，又不乏品味的女性。你的发型可以卷出浪花，但最好服贴柔顺；你可以天天化妆，但妆容一定不要太夸张。如果你的妆扮和着装时髦到让他觉得你只可远观而缺乏亲切感，那就适得其反了。

内心的智慧和飞扬的神采才是吸引"经济适用男"的法宝。

二、修养：做个温柔的爱心天使

"经济适用男"一般出身传统家庭，他的经济状况不好也不差，所以他需要的是一个能持家的贤淑型太太。他还希望自己的爱人像自己的妈妈一样善良、温柔、充满爱心，当这样的女人出现时，他们会情不自禁地产生亲切的感觉。

温柔地对待他们吧，他们会把你带回家，然后让你成为你们温馨小家的女主人。

三、情感：将过去的缠绵锁到密码箱

不论你有一段怎样美丽的过往，或者激情燃烧或者缠绵悱恻，都忘掉吧，把它们永远锁进密码箱。

如果你的前男友是他也认识的人，那么从此别在他面前提起那个人的名字。

四、交际：朋友的性别不可含糊

"经济适用男"一般交际单纯，绝对不能接受女友的招蜂引蝶行为。所以，如果你招惹到了不该招惹的人，立刻自我检讨，假如以前结交的朋友过于杂乱，是否可以考虑远离他们。友情和爱情，朋友和家庭，孰轻孰重，相信你会分辨。

五、手艺：诱惑他的胃比诱惑他的目光更长效

在软件、IT、建筑设计领域位数不少的"经济适用男"常常因为昼夜不分的加班，几乎都有一个脆弱而饥渴的胃。既然他们的午饭不得不在食堂草草了事，那么就在晚上让他享用一顿美味的晚餐吧。如果你的手艺仅仅停留在煮泡面的水平，那就赶紧参加厨艺培训吧，无数特色菜、甜点、营养汤还有他喜欢的菜式，你选择的范围很大。

发生异地恋怎么办

异地恋最容易让人绝望，但你不可以轻言放弃。

两个相爱的人隔着千山万水，所有的相思和爱恋都通过一根小小的电话线相连——这就是异地恋的真实写照。很多人迷惑了，这样的爱情能走多远？

发生异地恋怎么办，是放弃还是坚持？

其实，异地恋也并非那么令人绝望。只要我们坚持并且坚信爱情的力量，再遥远的距离也无法割断两颗相爱的心。

一、异地恋原则

1. 异地恋不大适合那种拙于表达自己情感的人。因为距离相隔，因为不能牵手慰藉，语言的表达在维系双方的关系上就显得尤为重要。

2. 男人一定要有信心，女人一定要有耐心。

3. 异地恋中，彼此不要谈权利，因为你爱她，你对她只有义务；因为你爱他，你对他只有包容。

4. 两人的条件不要差太远，否则没有足够的交流来消除不稳定感。

5. 只想获得身体感觉的男性最好不要尝试，身体欲望非常容易摧毁异地恋。

6. 异地恋需要更多的经济投入：长途电话、上网费、见面时路途上的花费等。

本守则仅针对认真对待感情的男女，如果你不是，还是趁早放弃吧。

异地恋意味着相思之苦，意味着无限地牵挂和等待，还要对恋人寄予莫大的信任和对这份爱情的信仰。所以不相信爱情的人不要选择，爱得不深的人不要选择，意志薄弱的人不要选择，不愿意忍受柏拉图式恋爱的人也不要选择。

二、异地恋的建议

1. 好好利用手机的短消息功能

在不影响对方工作和学习的前提下没事就发一条，第一，表示你想对方了；第二，让对方感受到到你的存在。这样，不管对方发生多么不值一提的小事，也可能会在第一时间告诉你，你也因此而获得更多了解对方的机会。

如果对方处在一种对你们的未来不坚定的时候，你的短信会提醒对方：虽然身处异地，你的温情始终如一。犹疑的时候对方也会想到你，你的短信会督促对方收敛自己的心思。最好经常主动向对方说说自己在做什么，在哪里，时间长了，对方也会养成把自己的点滴小事向你汇报的习惯，这样一来，你们的关系将日渐稳定。

总之，短信是谈恋爱的好工具。

2. 彼此信任

莫明的猜忌会毁了两个人的甜蜜。就算对方和旧情人身处一个城市，你也要宽容一点。按概率来说，走回头路的恋人并不多。如果对方在你面前并不掩饰和旧情人的正常交往，说明他们确实已无恋爱关系；如果对方什么都不说，情况可能就不妙了。但是，你一定不要胡乱猜疑，否则很可能会伤人伤己，断送掉自己的爱情，把对方真的推到旧情人的身边。

3. 爱要说出来

因为你们相信爱情，所以你们选择对方；因为你们选择了对方，所以再远的距离也没有把你们分开。不管恋爱了多久，爱要记得经常说，老夫老妻的激情就是这样培养来的。不管男女，不管听了多少遍，"我爱你"三个字，都是最甜蜜的情话。

4. 保持一定的见面频率

最好几个月能见一次面，相思之苦也是需要缓解的。挑一个阳光明媚的日子，带着思恋、带着渴望、带着风尘刮到对方身边吧，把你蓄积了多日的情感当面向对方诉说。几日的相守甜蜜，会把过去几个月的相思弥补上。

5. 要学会主动认错

异地恋最怕赌气和误解，女生偶尔发发脾气，是可以的，但一定要掌握好分寸。长时间的赌气和误解，容易给他人留下趁虚而入的机会。误会要说清楚，感性完了还要讲理性，该认错就认错。当然，如果实在没人愿意低头，男生这时候就不要"女士优先"了，该主动的时候就要主动些。

6. 要有充分的思想准备

有数据表明，异地恋的成功率并不高，即使你能确信爱情的伟大，也要承认人性是变化的。凡事要先考虑个底线，防止遇到突变，自己被打得措手不及，事情总要往好的方向想，但一定要有接受坏结果的思想准备。

最佳结婚年龄公式

其实，结婚年龄也是可以计算出来的。

恋爱多年，很多女孩却无比烦恼，眼见着年龄一年比一年大，男友为什么一直不求婚呢？你想知道他的最佳结婚年龄吗？专家已找到"结婚公式"。

该公式基于一个被称为"最优停止"的统计学技术，可计算出做某事的最佳时间。该公式是一个"合理的方法"，很多年轻男士都在不知不觉中遵循着这一公式，包括发明者本人。

尽管这一公式是为男士设计的，但对女士同样适用，比如那些正在犹豫是否接受男友求婚的女性。并且，该公式还可以帮助紧张不安的男士计算出避免求婚的时间。

具体计算方法是这样的：

1. 确定最迟结婚期限（n），如39岁。

2. 确定最早考虑结婚问题的年龄（p），如20岁。

3. 用n减p，即39减去20，结果再乘以0.368，得到6.992。

4. 再将6.992加上p，即加上20，得出最佳结婚年龄为27。

当然了，专家也指出："严格遵守公式不一定能带来美满的婚姻，虽然很多夫妻证明了这一公式，但它不一定适用于每一个人。"

非诚勿扰 III

Chapter2
第二章

求婚小夜曲

小夜曲（serenade）是一种用于向心爱的人表达情意的音乐体裁，它起源于欧洲中世纪骑士文学，流传于西班牙、意大利等欧洲国家。最初，小夜曲被中世纪欧洲行吟诗人用来在夜晚对着恋人的窗口歌唱，倾诉爱情。歌声一般都缠绵婉转、悠扬悦耳，常用吉他或曼陀铃伴奏。随着时代的发展，小夜曲的形式也有所发展。后来器乐独奏的小夜曲，也和声乐小夜曲同样流行。

小夜曲通常是黄昏或夜晚时所唱的歌，但也包括早晨在爱人窗前所唱的情歌。奥地利作曲家舒伯特的《听，听，云雀》，就是一首早晨演唱的小夜曲，是在莎士比亚的戏剧《辛白林》中，克洛顿向伊摩琴唱的情歌：清晨，克洛顿带了一群乐工来到伊摩琴的闺房外，为她奏乐，并唱起这首歌，来打动她的心。"云雀在天空歌唱，太阳在此刻升起"，"迷人的金盏花，开始睁开金色的眼睛"，"这一切多么美丽，几度梦回小楼"。

你试过在恋人的窗前歌唱吗？这是一种极致的浪漫。如果你做不到，条件也不允许，你至少要寻找一个最恰当的替代方式来表达你对恋人的爱意，将你的绵绵情思诉与她（他）知……

你究竟适合什么样的婚姻

一个不适合的婚姻，当然会葬送爱情，但一个和谐的婚姻，却是爱情的升华。

都说婚姻是爱情的坟墓，但是如果没有了婚姻，爱情岂不是死无葬身之地了吗？其实，问题的关键不在于是否结婚，而在于你适合什么样的婚姻。一个不适合的婚姻，当然会葬送爱情，但一个和谐的婚姻，却是爱情的升华。

做个小测试吧。看看你的婚姻是哪种类型。

假如你终于鼓起勇气要去刺青，想在身上留下什么永恒的记号？

A. 动物   B. 名字   C. 符号   D. 代表超能力的神灵

答案分析：

选择A：你心思单纯，结婚只是因为彼此交往的时间差不多了，亲友们也催促你们快办喜事。你从没有想过婚后会有什么改变，只是顺其自然。至于日后要面对的责任问题，你也是等到降临到自己头上之后，才看到生活的现实面。不过，你会接受婚姻带来的一切优点和缺点，并且扮演好自己的角色。

选择B：婚姻对于你是一辈子的事，选择了一个人，你就不会再起异心。你的思想成熟，认为婚姻是人生一个很美好的阶段，知道该怎么去经营二人世界，你十分适应婚姻制度。"只羡鸳鸯不羡仙"这句话，就是描述的你们的幸福生活。

选择C：对于结婚这件事，你实在不太确定。生命中好像还有很多未知数，不知道何时会发生。已婚只是一段时期的身份，包括你自己在内谁也不知道何时会改变。你的随缘态度会使伴侣缺少婚姻的安全感，身份证上的配偶栏好像随时都会换名字，但你的个性就是如此，爱上你的人同时也将守着这份不确定的婚姻。

选择D：结婚之后，你希望能在家庭中担任决策者的角色，主导大小事物，另一半最好完全听你的。其实你在各个地方都想称王，但长期的婚姻生活也可能会因为你的强势作风，而亮起红灯。所以如果能够多听听对方的想法，增加彼此沟通的弹性空间，你们之间紧张的关系会改善很多。

世界上最动听的三个字不是"我爱你"

说一千遍"我爱你"，不如说一句"嫁给我"。

每个女人都希望有人爱她，但是仅仅被爱就足够了吗？对女人来说，爱她，有时只是空话；娶她，才见最大的真心。

在大多数女人心里，男人肯娶她，就是对她的最大恭维和尊重。所以这个世界上最动听的三个字，不是"我爱你"，而是"嫁给我"。

爱情中你情我愿，没有谁对谁错，而婚姻事关责任，就不是儿戏了。"我爱你"属于甜言蜜语，说一万遍也无妨；而"嫁给我"是郑重承诺，是给爱情一个最美丽的归宿。

有一个女孩，和男友爱情长跑，从读书一直到工作，不知是时间久了感情淡了，还是相处越久矛盾越多，几乎到了曲终人散的地步了。女孩经常向朋友抱怨男友的缺点，怀疑两人之间究竟还剩多少感情，但她下不了分手的决心，又觉得这段感情没有将来。直到有一天两人上街，路过珠宝店，男友突然问她，要不要进去看看有什么新款的戒指，然后对她说要娶她。她当时故作矜持，心里却开心极了。从此以后，女孩脸上天天都是晴空万里，最终两人终成眷属。

一句"嫁给我"挽救了两个相爱的男女，婚姻不一定是爱情是终结，但不结婚，爱情又能延续多久呢？

亲爱的，你愿意"裸婚"吗

裸婚其实是最浪漫的婚礼。

"裸婚"，近年兴起的一种结婚方式，不买房、不买车、不办婚礼、不买婚戒、不度蜜月，只与双方家长见面，然后领证结婚。

"裸婚"的第一层意义在于简化结婚程序。第二层意义，也是最为重要的——为了节省。在拜金思想严重泛滥的今天，"裸婚"是一种回归，更是一种进步。

接受"裸婚"的女孩是伟大的，是敢为真爱付出的真女人。"裸婚族"也是伟大的，他们用"无房、无车、无钻戒、无婚纱、无婚礼和无蜜月"，用诸多的"无"来诠释节俭的结婚方式。

"裸婚"是对"物质化"的另类应对，是这个物欲时代最淳朴的声音！

据调查，"裸婚族"年龄多在20至30岁之间，以80后居多，他们大多思想前卫，其中也不乏高学历、高收入的都市白领，在"裸婚族"看来，领了证就生活在一起，轻松自然，正是他们的意义所在。

"裸婚"现象体现了现代社会对婚姻理解的转变，这不仅是两个大家庭和一个小家庭的选择，同时也是两个人对于爱情和生活方式的选择。"裸婚"不举债、不奢侈的特性使这个婚姻新形式具有了藐视一切物质的资本，它标志着现代社会物质观念的转变，标志着婚姻的"自由"和"独立"，谁敢抹杀"裸婚"带来的巨大现实意义和社会意义呢？

当然，有的"裸婚"也不是只花9块钱办个证，而是根据实际条件，确定婚庆及婚后生活方式。只要贯彻了"裸婚"的原则，就是值得赞扬的。

年轻的女孩，你接受"裸婚"吗？你敢与那个相爱但无金的男孩共度一生吗？房子车子银子，以后都可能会有，但错过的真爱，还会再回来吗？

有人说："也许9块钱可以证明爱情，但谁可以保证这9块钱的爱情坚不可摧？"这句话说得太透彻了，它所表达的意义也正是我想传达出的"裸婚"之后的信息——那些已经通过"裸婚"步入婚姻殿堂的、有幸娶得娇妻的男人们，为爱人努力工作吧，用你的努力与成长来回报愿意用青春为你的清贫和你们的爱情埋单的女孩儿。

把求婚当做一件大事去完成

求婚不是可有可无的流程，而是人生中的一件大事。

这一篇文字，写给想结婚的男人们。

亲爱的男士们，如果你成熟稳健，向往婚姻，并已经有了心仪的女孩，愿意为她许下神圣的婚姻诺言，愿意与她牵手走上通向幸福的红毯，无论贫富、无论境遇的变迁，愿意与她永浴爱河、白头偕老。那么，勇敢地求婚吧！

也许你是个不懂浪漫的人，也许让你的浪漫细胞短期扩张真是比海枯石烂还困难，你不知道玫瑰几朵才代表深情，什么品牌的巧克力才是上选，甚至不知道求婚时应该以怎样的造型，该选择什么样的餐厅，说哪句话才能打动她的心。但是，你也不应该甘于落入俗套地单膝跪地，拿出一只小盒子，请求她嫁给你——这种方式虽然经典，但太缺乏时代气息了。

现在的女孩也许希望更煽情、更浪漫而且更有新意的求婚方式，所以，你必须用一生之中最神圣的时刻换得她的一句"我愿意"。用句时尚的话说：这样才能铭刻记忆，才够拉风！

所以，一定要把求婚当成一件大事来做，重中之重，切记切记。

二十三个最浪漫的求婚方式

立意新颖的求婚方式早已层出不穷。

现代生活需要新奇和创意，求婚也不例外，那种单膝跪地的传统方式，已不能满足追求时尚的新娘们了。生活需要一点煽情，一份浪漫，因此，立意新颖的求婚方式早已层出不穷。这里列出十几种富于创意的求婚方式，一定有一种能够打动你的新娘。

一、求婚广告牌

每次在送她回家的路上，都会经过的一个巨大的广告牌，有一天，广告牌上突然出现"露露，你愿意嫁给我吗？"这一定能够使你的求婚事半功倍。不仅如此，来来往往的车辆都会了解你的心意，并且为你祝福。

二、爱的首映式

你勉强同意陪她去看最新上映的超级言情大片，就在影片正式开演之前，播放了只有一行字幕的加片："你愿意做我的妻子吗？"虽然你不会因为精心导演此片而荣获奥斯卡奖，至少它会作为浪漫一幕被记录在该电影院的"院史"之中。这样的求婚方式虽然缺少了最美妙的语言和眼神交流，但比较适合不善言辞的男生，而且效果惊人。

三、落水求婚

假日，你和女友来到一个美丽安静的小湖边，两人泛舟在无人的水面上。突然，你假装不小心掉进了水里，当她为你万分着急的时候，你及时露出水面，然后把戒指伸出来说："刚才在水里摸到这个东西看看适不适合你。"

此方法须综合考虑天气条件及男生的水性，有一定的危险性。

四、气球的玄机

送给她一个粉色的心型汽球，假装不小心把气球弄破，掉出事先藏在气球里的戒指。

"想不到买气球还有戒指送，命中注定啊！那我就向你求婚吧，嫁给我怎么样？"

五、空中"要挟"

一种更公开的方式是利用你们一起坐飞机的机会。你可以请求机长通过无线电通话系统将你的求婚传达给身边的女友。例如，你可以请机长说："我们正飞行在青藏高原的上空，再有将近40分钟就可以到达目的地。顺便说一句，安娜，李可问你他是否有幸能够娶你为妻。"在众目睽睽之下，相信你得到的只可能是一个"愿意"，当然，还有安全降落。

六、失而复得

拉女友去逛商场，在人最多的时候假装丢了东西，而且是很重要的东西，十分着急。女友在帮忙寻找的时候，悄悄把盒子丢在她的脚下，让她恰好拾起。然后告诉她，这是自己早就买好但一直不敢送给她的礼物，还好找到了。为了防止再丢，请她一定收下，她回报你的一定是惊喜甜蜜的感动。

七、T恤传情

约她去海边玩，然后找个没人的时机叫她闭上眼睛，然后把外套脱掉露出里面T恤，上面写着"我的心里一直有你，嫁给我吧。"当她睁开眼一定会惊喜得不得了。

八、爱情警察

当然，做到这一点有些难度，它需要真正的"警察叔叔"进行配

合。不过，想想看，如果在她开车时，被警察叫到一边，然后收到一张"求婚罚单"，实在是很有新意的求婚方式。

九、动人细节

在家里准备好美味的饭菜，吃饭时对她说："为了你我愿意做任何事，请你嫁给我吧。"还可以一边关灯一边说："最起码在没电的时候有个人照顾你，电梯没电我还可以背你上来。"女人最容易被这些琐碎的生活小事感动，家庭型的男孩比较适合这种求婚方式。

十、平中见奇

用最平常的口吻对你的爱人说："你喜欢什么款式的结婚戒指呢？

十一、先斩后奏

在情意绵绵的情人节里约她去公园。先不让她看到你，然后让一个可爱的小孩给她带去玫瑰与戒指："一个大哥哥说他想一辈子和你在一起，你愿意吗？如果愿意请给他打电话。"不管怎么样她都会打你电话的，然后就只好认账了。

十二、魔术传情

找个浪漫的餐厅，给女友变个小魔术。拿一枚硬币把它变没有，然后在女友的头发上摸一下，变出来的是戒指，等着欣赏她惊奇的表情吧。

十三、惊喜情人节

既然每个情人节都是情人卡、玫瑰花和巧克力，为什么不在下一个情人节送给她最伟大的爱情表示——向她求婚呢？这样，你的女友就会对这个节日终生不忘了。这样做唯一的缺点就是，在此后的情人节中，你很难再找到能够与这份礼物相媲美的礼物了。

十四、生日快乐

在她过生日时向她求婚也是很好的方法，用结婚戒指代替生日礼物吧，让这个专属于她的日子给她的生命留下浓墨重彩的一笔。

十五、登峰造极

如果你的女友是运动型女孩，你可以在一天的攀岩活动之后，站在山峰的至高点向她求婚。其他可行的方法包括：跳伞时在半空中，潜水时在深海中，等等。

此方法适合专业人士使用，也有一定的危险性。

十六、险中取胜

你们可以找一个节日去游乐场玩一些刺激的项目，过山车、鬼屋、蹦极，等等。在最刺激的时候抱住她说："我会在你身边保护你一辈子，嫁给我吧！"一定要大声，相信她一定会感动地答应。

十七、球场欢歌

看球赛也许不是她喜欢做的事，不过想想看，在球场休息的15分钟——那幸福的15分钟，借助体育场的大屏幕，整个球场的人都会看到你跪在她的面前。能够让上万人同时看到你爱的表示并不是件容易的事，也一定可以让她铭记终生。这个创意需要勇气去实施。

十八、录像表心迹

制作一盘向她求婚的录像带可能会很容易打动她的芳心，如果你能与她一起观看，效果就更好了，她很可能会高兴得跳起来，立刻就要和你去度蜜月……

十九、电子求婚

我们生活在互联网时代，因此必须学会利用高科技。那么，为什么不给她发一个带着大问号的求婚邮件呢？

二十、电台传情

如果你的她会在每天的某个固定时间收听某个广播节目，点播节目的方法一定可以赢得她的芳心。

二十一、女友专场

如果你有一辆够漂亮的爱车，把车里贴满她的玉照吧，还有写着各种甜言蜜语的纸片，然后买好一束花，在她的公司楼下等她。但不要让她事先知道。当她在为你等她下班而感动的时候，打开车门，你及时地递上花再加上一句："嫁给我吧。"

二十二、日记的记忆

为她准备好一本写满你们点点滴滴往事的厚厚日记本，用一条精美的绳子绑好戒指，夹在本子里，然后陪她一边看日出或者日落，然后趁机把本子给她，让她打开慢慢看。在本子的最后一页写上："爱你已经很久，想你一直陪着我看每一个日出日落，嫁给我好吗？"

二十三、烛光晚餐

如果以上的点子她都不喜欢，那就只好用最老土的方法了。去订一家酒店，然后来个二人烛光晚餐，请来一支乐队一边吃一边说："嫁给我吧！"这是没有办法中最好的办法。

最佳求婚时刻

在最佳的时间求婚，往往起到意料不到的良好效果。

已经确定好求婚的方式后，就要选择最佳时机了。

想想看，在某个繁星点缀的夜晚，一对相爱的情侣正进行着浪漫的烛光晚餐。突然，男友单膝触地，在心爱的女孩面前上演完美求婚，闪耀的钻戒映照出一张无比惊喜和美丽的脸庞，一定会惹得她热泪盈眶，扑进你的怀里……

求婚作为从恋爱到婚姻的一道重要过渡环节，不仅需要事前做足一切准备工作，营造出浪漫温馨的气氛，时机的选择和把握也是至关重要的。如果不希望给自己的人生留下任何遗憾或瑕疵，就一定要挑选一个具有特殊纪念意义的日子向女友求婚。

一、七夕节

七夕节是中国的情人节，这一天既可以见证爱情的坚贞不渝，也能让两人对这个节日更加记忆深刻。如今的七夕情人节，已经融合了古典与现代的精华，是求婚的最佳良机。

浪漫小绝招：预定一个有情调的酒店。

二、情人节

选择这个时刻求婚，最俗套但也最稳妥，这是大部分中外情侣每年都关注和期待的节日。情人节这天，物质资源也会比较充足，因为所有的商家和酒店都会在这一天推出各种节目，以吸引情侣们的钱包，使你的求婚日变得更易操作。

浪漫小绝招：安排一只卡通人物上门送戒指吧。

三、恋爱纪念日

什么是恋爱纪念日？就是标志你们正式成为情侣的那一刻。那天，你鼓起勇气牵起她的手，或是轻轻地吻了她，由此开始一段美好的恋情。这个刻骨铭心的日子，就称做你们的恋爱纪念日。也许，某年后的同样的日期，将恋爱纪念日变成求婚纪念日，会让她拥有双重惊喜，感动到哭。

浪漫小绝招：浴缸洒满花瓣。

四、她的生日

每年，只要到了她的生日，总是你千方百计献殷勤的一个最佳时机。如何度过、送什么礼物，都曾让你挖空心思、绞尽脑汁。当你们的感情日趋成熟，当你终于决定要与她携手共度一生时，不妨在她生日的这一天，送她一份最特别最珍贵的生日礼物吧。

浪漫小绝招：房间贴满你们的温馨合影。

五、大年三十

当新年的钟声敲响，当千家万户都沉浸在喜气洋洋的爆竹声中，你给笑意盈然的她一个热烈的拥抱和亲吻，并在她的耳边悄悄对她说："以后的每一个新年，我都要和你共同度过。"这句简简单单的话，一定会让感性的她激动不已。

浪漫小绝招：把她约出来赏雪景。

六、圣诞节

在这个严寒冬日，也许还下着纷飞的大雪，你们都穿着厚重的棉衣，彼此依偎、倍感温暖。或许周围有挂着漂亮礼物的圣诞树，有憨态可掬的圣诞老人，有银色的雪橇车和雄鹿，有"铃儿响叮当"的音乐……此情此景，你再来一个动情的求婚，一定让她幸福到无以复加。

浪漫小绝招：双人烛光晚餐。

对于相爱的人来说，每一天都是节日。挑选合适的求婚时间固然十分重要，但最重要的还是双方彼此相爱，浪漫的爱情是生活中必不可少的调味品。

史上最经典的求婚语录

一句动人心魄的求婚语，当然不可或缺。

求婚，多么美丽而让人期待的事情，如果求婚者不搞点创意与浪漫出来，只是一句简单的"嫁给我吧"，那未免太不解风情了。

其实，只要你肯花点心思，求婚的小花招还是很多的。下面这些求婚语录，就不仅仅是甜蜜那么简单了，那会令新娘子终生难忘……

经典版

1. 如果爱你是错的，我不愿对；如果离开你是对的，我情愿错一辈子。

2. 人生路途坎坷，我希望在这条坎坷的路上有你的陪伴。

3．我只想诚心地对你说，我会好好地爱你。所以现在我诚心地向你求婚，渴望得到你的爱！

4．说不清是因为那小鹿乱撞、满心甜蜜的冲动，还是那志趣相投、相见恨晚的感动，或是那发自内心对大家庭温暖的向往。在此，我发出来自内心最深处无比诚恳的请求。一切一切，只为安抚那漂泊已久孤独的心，一切一切，只因"我想有个家"！

5．修罗无情，月却有意。我爱你！

6．我不会因为爱而爱，但我会因为你而爱。请接受我真心的爱！

7．如果我能拥有这份荣幸，我愿终身陪伴着你，一年四季陪伴着你。春天，我陪你轻轻漫步在盛开的百花之间；夏天，我陪你奔跑在欢乐的小河之畔；秋天，我陪你倘徉在火红的枫林之下；冬天，我陪你围坐在炽热的火炉旁边。

8．我是一个平凡的人，但我有一颗不平凡的心。我是一个容易受伤的人，不要让我伤心。嫁给我吧！

9．我想在50年之后我一定还是会像现在一样爱你。

10．雨的心情在天空中飞扬，我的心情在网中穿梭，你的发丝在雨中飞舞，我的心与之飞翔，火一样的热情将满天的雨丝化成你我之间的红线，彼此相互感动，让我们带着雨滴，一起去飞翔吧！

11．一个人独自穿越小巷时，我发现自己被忘在了很小的角落里，走在漫长的路上，盼望在自己影子的旁边还会有另一个影子，那样我就不会觉的这条路很漫长了。

12．人生总会有雨天和晴天，但总会雨过天晴的。我就像是一把伞，无论雨天还是晴天，都会在你身边。如果有一天，当你想起有谁爱过你，那其中一定有我一个。如果有一天不再有人爱你了，那一定是我死了。

谐谑版

1. 让我们合法地结合吧！

2. 我欠一个人管我。

3. 你想这辈子嫁给我还是下辈子呢？

4. 我不知道人类为什么得结婚？不如让我们一起研究看看吧……

5. 你想不想一失足成千古恨？机会来了。

6. 你愿不愿意带我回家当你的生活必需品？

7. 看你骂我时，似乎有很大的快感！如果你想天天享受这种感觉，就嫁给我吧！

8. 你愿意嫁给我吗？如果愿意请站着举高双手，如果不愿意，请站着举高双腿。

9. 什么时候才要把我娶回家？我房间的东西都快全搬到你家去了……

10. 今年你再不娶我，明年我就开始有恐婚症喽！

11. 请你终结我的桃花运吧！

12. 求饶，我投降了！只要你天天给我口饭吃。

13. 咱们去养个小孩，好不好？

14. 俺家养了一头母猪和一群猪娃，你要肯来俺家过日子，俺就把母猪卖咧，一心一意跟你过咧。

15. 好花插在牛粪上，谁说的？告诉我，我派兄弟砍他，别怕，嫁给我后我会罩着你的……哼，哪个小子不想混了，居然敢说我老婆是牛粪。

16. 别担心，跟着我你不会受穷，毕竟我从事信托投资业的，入行都六年了，经验积累得足够丰富，只要你嫁给我，我把你我的生日加上结婚纪念日的数字买张彩票，保证能中特奖一千万。

17. 女：我们分手吧！男：……（坚决反对）女：不答应分手？那好，我们离婚！男：（弱弱地说）……我们还没有结婚呢。女：那好，咱们先把结婚手续办一下吧！

  18. 亲爱的，帮我在户口本上签个字，就在配偶栏上就可以了……

  19. 听说现在结婚很便宜，民政局9块钱搞定，我请你吧！

第一次到恋人家作客

  拜见双方父母，可不是简单的访亲问友。

  恋爱到了一定程度，就是拜见双方父母的时候了。就算你是个离经叛道的另类潮人，这一关总不能跳过吧？无论你平时怎样稳重老成，这时候也会有些紧张吧，这是正常的，正因为你在乎你的恋人，才会有怯场的感觉。现在就教你一些必备的礼节吧。

  按照传统习俗，一般是女婿先登门，在自己的女朋友的引见下拜见长辈，然后女朋友回访未来的公婆，最后双方父母见面。这个环节的主要内容就是恋人们将自己的双亲引见给对方。如果能把握好礼节和分寸，一定会给恋人一家留下美好的第一印象，自己的父母也会欣慰的。见面的时候，要注意以下细节。

一、选择什么礼物

  如果恋情还没有深到一定的程度，或者只是顺路拜望一下，就不用太过隆重的礼物。当然，如果你们两心相许，对方父母已经认可你们的交往，礼物就要贵重一些了，因为此行已具有订婚的意味了。

  提前了解一下二老有什么嗜好，投其所好，选择他们心仪的礼物。如果正好是年节，或对方家里有小孩子，还要多备些红包或小礼物。笼络好每一个人，不要忽视那些不起眼的边缘人物，有时候他们也起着掌握乾坤的作用呢！

二、注重仪表

  最好穿正装，显得礼貌、尊重。为了照顾双方父母的审美，年轻人初次上门，穿着打扮不能过于时髦和另类，但也不必太过正统。如果女孩子穿上晚装去见恋人的父母，好像赶赴盛大宴会，反而会让长辈们有压力，着装得体大方就好。

三、少说多听，少评论多赞同

无论你多么有主见和思想，无论你在自己家是怎样被娇惯的，到了对方家里一定要改变。对方的父母永远没法像你自己的双亲一样宽容你、忍耐你。

虽然要少说话，但不能一言不发。如果对方家里的除了父母还有其他长辈，一定要同样热情地对待他们，尊称一定要多说，把他们哄好了，你在对方父母眼里的地位就高了，因为你是他们未来的姑爷或媳妇，你就是他们的面子，你优雅得体的举止会令对方的父母倍感荣耀。

订婚仪式都有什么讲究

订婚仪式是婚礼的预演。

恋人交往到一定程度，男女双方都同意选择对方作为终身伴侣，一般就要举行一个"订婚"的仪式。当然，订婚也不是结婚的必经过程，订了婚也可以退婚。

按照以前的风俗，如果双方决定订婚了，会请介绍人来见一面，沟通双方情况，商定好给女方的聘礼（主要是衣物和钱）。订婚时往往是男方在长辈陪同下，携带双方事先商定好的聘礼到女方家去，这种情况叫"串门儿"，也叫"过彩礼"。

民间普遍都比较看重"串门儿"。"串门儿"时，女方亲友长辈都到场，还摆上几桌酒席。"过彩礼"后，男方对这顿酒席要赏"厨钱"。后来，订婚仪式一度从简。有的男女双方同意终身为伴，照张订婚像，相互交换一下纪念品。有的男方将女方及家长和介绍人请到家中，设宴款待，饭后向女方赠送礼品及钱物。

如今，订婚过程又逐渐被看重，而且，有的是男女两家分别举办订婚仪式。"串门儿"时主要是男方给女方过彩礼，此外，双方一般还要给对方买一套高档衣服和鞋，男方给女方"三金"，即金戒指、金耳环、金项链，男方老人根据自己的条件，还要给未来的"儿媳""99"元或"999"元作为"见面礼"，意在未来的"儿媳"是百里挑一或千里挑一，又取其谐音九九十成，表达老人的美好愿望。现在又兴给"101"元或"1001"元的，也是寓意百里挑一或千里挑一的。女方也有给男方金戒指的。订婚时往往介绍人在场，彩礼由介绍人经手（除聘礼外，赠送首饰和钱，也有的在结婚仪式上进行）。

订过婚以后到结婚前的一段时间里，如果两人中有一方不同意结婚了，可以"退婚"。"退婚"也有习俗，如果是男方提出"退婚"，"串门儿"时给女方的聘礼及财物不得索要；若为女方提出，"串门儿"时男方所下的聘礼及财物必须如数退回。这时，介绍人在这里就起到公证员的作用。

应该说从"串门儿"开始，两家婚姻关系就算正式订下来了，一般都不会轻易反悔。订婚以后，男女双方由过去悄悄约会到名正言顺的公开相处，可以自由到对方家里去做客，频繁接触，加深了解，恋爱由此进入了一个新的阶段。

订婚戒指该怎样选，如何戴？

订婚戒指的选择和佩戴，其实是很有学问的一件事。

戒指自古以来具有强烈的象征意义，因此它的戴法很有讲究。

按照我国的习惯，订婚戒指一般戴在左手的中指，结婚戒指戴在左手的无名指；若是未婚姑娘，应戴在右手的中指或无名指，否则，就会令许多追求者望而却步了。

按西方的传统习惯来说，左手上显示的是上帝赐给你的运气，它是与心相关联的，因此，将戒指戴在左手上是有意义的。

国际上比较流行的戴法是：

左手食指：想结婚，表示未婚；

左手中指：订婚或恋爱中；

左手无名指：表示已经订婚或结婚；

左手小指：表示独身。

至于右手，在传统上也有一个说法：那就是戴在无名指上。据说戴在这里，表示具有修女的心性。当然，还有一种戒指，无论你戴在那里都不具备任何意义，这种戒指就是一般的花戒，它只起到一种装饰的作用，可以戴在任何你想戴的手指上，没有任何约束。

那么，订婚戒指究竟该怎样选择和佩戴呢？

第一次在公开场合佩戴订婚戒指是在宣布订婚的那一天，由男士当众为女士戴上，并亲吻一下女士的手。在美国，它应该戴在左手无名指上。在有些国家，它戴在右手上。在结婚典礼上，它被摘下来，然后很快换上结婚戒指。

订婚戒指是订婚的信物，佩戴订婚戒指具有誓死守约的意义。如何选择订婚戒指，是纯金还是合金，是珍珠还是宝石，并没有明确的标准，这要根据男方的经济条件和女方的个人情趣爱好而定。我国一般选择纯金戒指，以表示爱情的纯真。而国外则喜欢选择宝石戒指。据说宝石含义深刻，其光辉经久不变，象征爱情天长地久，永远

My promise past shall always last

不变。例如：紫水晶被认为有保护作用，可以防止梦魇和酗酒；月长石据说会带来好运和幸福；黄金戒指则象征着高贵和富有；而把珍珠作为礼物或信物，被认为会带来不幸和痛苦。

订婚戒指与结婚戒指有所不同：

1. 订婚戒指上多镶嵌宝石等饰物，而且是没有缝隙的指环，其寓意是双方的爱情纯洁无瑕，使他人无缝可钻。

2. 订婚戒指上不准刻有任何字，结婚戒指上可以镌刻男女双方的姓氏和其缩写以及日期，或者刻上新郎表达情感的话。

非诚勿扰 III

Chapter3
第三章

婚前奏鸣曲

奏鸣曲(sonata)是一种乐器的协奏方式，来自意大利文，为鸣响之意。

贝多芬的《月光奏鸣曲》写于1801年。乐曲描绘了爱情的甜蜜与忧伤，充满了丰富的情感，其中有冥想的静默，欲言又止的悲伤，也有甜美的回忆，梦一般幻想。这些宛如心跳的绵延的三连音，带着一丝忧伤和不安，那是一种渗入肌肤的的预感。跳动的音符里有温柔的抚慰，也有戏谑的微笑，瞬间留下的微笑脸庞，永远让人回味。

男女之间的恋情，没有始终美好的，也不会是一成不变的模式，总会混合着甜蜜与伤感，呈现着各种的幸福与忧愁。月光倒映在闪烁的湖面上，就像情人不断变换的表情。不要感叹人世的变换吧，恋爱，正因它的不可捉摸，才更显其魅力。好好享受过程吧，同时用心挑选，最终属于你的人才是你的真爱。

怎样才能拿到结婚证

结婚登记比较烦琐，一定要多一点耐心。

你已经准备好结婚吗，如果是，恭喜你！但是在此之前，你必须先了解清楚结婚登记的相关事项。结婚登记是结婚的必经程序，大致可分为申请、审查和登记三个环节。

一、申请

申请结婚的当事人，必须双方亲自到男女一方户籍所在地的婚姻登记机关申请结婚登记，填写《结婚登记申请表》。婚姻登记管理机关，在城市是街道办事处或者市辖区、不设区的人民政府的民政部门，在农村是乡、民族乡、镇的人民政府。

申请时，应当持下列证件和证明：1. 户口证明。2. 居民身份证。3. 双方近期正面免冠二寸单人照片。根据新婚姻法规定，不再需要相关部门出具的婚姻状况证明。

二、审查

婚姻登记管理机关对当事人的申请应当进行审查，查明当事人是否符合结婚条件，如：是否双方完全自愿；是否已达法定婚龄，即男年满22周岁、女年满20周岁；双方没有直系血亲和三代以内旁系血亲关系（自主提示）等。

三、批准

经过审查后，符合婚姻法规定的，当场准予登记，交纳结婚证工本费（国内结婚登记每对9元），发给结婚证。对不符合婚姻法规定条件的，不予登记，并向当事人说明不予登记的理由。对于涉外婚姻则另有特殊规定。

登记双方最好到正规医院进行婚前体检，接受医生的婚前指导。这是迈向优生的第一步，有益无害。

婚检为什么那么重要

2003年10月1日国家出台了新的婚姻登记法条例，取消了强制性婚检，也就是说，现在结婚不需要婚检了。

虽然婚检已不是强制性的项目，但只是不强制，并不是说不需要婚检。我国自从取消强制婚检之后，近年来遗传性疾病、出生缺陷确实有升高的趋势，所以有些专家已经呼吁恢复强制性的婚检。

一、婚检的重要性

青年时期韶华夺目，朝气勃勃，一般说来，在外型体质方面给人的观感大多能令人满意。但是，实际上，有一些疾病，是正常生活中表现不出来的。许多不适于婚恋的遗传疾患，或潜在地影响两性正常生活的因素，光凭主观感觉和个人判断是难以验证的，如家族性的遗传病、精神疾病、肿瘤，还有一些严重的传染病。这些疾病，对自己的健康有影响，甚至于对后代的健康也有影响。因此，出于对自己和对方负责，对后代负责，应该自愿参加婚检。

在新婚姻登记条例前，指定的婚检项目为病史询问、体格检查。常规必检项目有血、尿常规、乙肝表面抗原、转氨酶、梅毒筛查、胸部透视，女性受检者的白带常规检查，在涉外婚姻中应加HIV抗体检查。为了避免资源浪费，婚检医生会结合你最近一次体检的已查项目，做出合理的安排。

婚检 孕健康宝贝第一步

二、什么是"保护隐私"

学习一下婚前检查"保护隐私"的有关内容吧，也许对你有所帮助。

"在咨询服务或医学检查中发现对方存在个人隐私，如以往曾发生过两性关系或妊娠、流产等，如对今后性生活或生育不致造成障碍者，在其本人郑重要求下，应予守密。在婚检中如检出某些影响婚育的疾病，特别是生殖器官异常、遗传性疾病或性传播疾病，对婚后性生活和生育有明显影响者，不应帮助其保密，应说服对方由自己直接向婚配对象交待或委托医师告知，以免发生婚后纠纷，造成婚姻危机。"

婚检有哪些项目

婚前检查虽然已不强制执行了，但依然是非常重要的。如果你每年都做常规体检，婚检医生就会从最经济的角度出发，免去你的已查项目，做出合理安排。

一、生殖器官发育状况

检查有无发育畸形、婚后影响正常性生活和妨碍生育的疾患和症状。如先天性阴道闭锁（即民间所说的"石女"）、隐睾症及先天或后天两性畸形、损伤等。某些性器官功能障碍或畸形可施行手术，如阴道闭锁可施行阴道成形术，隐睾症可施睾丸复术。患有两性畸形者，则可根据本人意愿，摘除一种性器官，保留另一种性器官。

二、恋人双方遗传学方面的状况

包括：①隔代遗传，如先天性痴呆、癫痫、精神病、色盲、白化病、侏儒症、高血压等；②显性遗传，如先天性痴呆；③隐性遗传，如恋人双方系近亲血缘，双方都有同样的隐性遗传基因，婚后所生子女就会变成显性遗传病。因此，婚姻法规定近亲不能结婚。

三、医学上不应当结婚的疾患

包括麻风病尚未治愈者，精神病尚未治愈或尚未稳定者，急性传染病患病期间，有重要的脏器功能障碍而病情尚未稳定或功能尚未获得改善、恢复者。

法定婚假多少天

法定婚假是每个公民的权利，我们想享有这个权利，一定要先了解它。

一、婚假天数：通常是3天

根据《婚姻法》以及《计划生育条例》的规定：

超过法定结婚年龄（女20周岁，男22周岁）结婚的，可享受3天婚假。

结婚时男女双方不在一地工作的，可视路程远近，另给予路程假。

在探亲假（探父母）期间结婚的，不另给假期。

婚假需一次性使用完，婚假内如包含公休日和法定节假日，不再重复休假。

二、晚婚假天数：一般为10～30天

全国各地不一致，在各地人口与计划生育条例中有规定，大部分省市是延长或增加婚假天数（加合关系），也有的直接规定了符合晚婚的婚假天数（包含关系）。

三、怎样算晚婚

依照规定，按法定结婚年龄推迟3年以上结婚为晚婚。即男子年满25周岁或者女子年满23周岁结婚的，且为初次结婚，为晚婚。

四、婚假期间工资待遇

在婚假和路程假期间，工资照发。

五、再婚者有婚假吗

再婚者可以享受法定婚假，不能享受晚婚假。

婚前心理准备与调适

当婚期已经宣布，婚礼近在眼前的时候，新人做得最多的事情就是准备新房、新衣和新家具。但是，结婚不仅要做必要的物质准备，还包括比物质准备更为重要的准备——心理准备，也叫精神准备。

很多物质上并不充裕的小夫妻婚后生活也非常甜蜜，甚至比物质生活丰富的夫妻幸福得多。为什么呢？因为他们做了充分的婚前心理准备。婚后的夫妻生活与恋爱中的恋人相处是大不相同的，既新鲜又陌生，既甜美又苦涩，会出现许许多多意想不到的麻烦。所以，要求新婚夫妇在婚前就该有足够的心理准备，否则会直接影响新婚乃至以后的夫妻生活。婚前的心理准备主要包括四个方面：

一、要摆脱对婚后生活的幻想，对爱人的期望不可过高

由于受小说、电影电视的影响，部分年轻人对新婚生活充满幻想，情人眼中的爱人形象也都是完美无缺的。当真正过起平凡琐碎的家庭生活时，往往会感到大失所望，产生巨大的心理落差。婚姻和恋爱的差别就在这里，婚姻里有双方责任的不同，有生活习惯的冲突，有家务劳动的分配，爱人的缺点在这时就会凸显出来，所以，恋爱是甜美的，婚姻是现实的，不要希望太高，要有面对困难和烦恼的思想准备。

二、要做好适应新生活的心理准备

婚前就应想到婚后生活的各个方面都会发生显著的变化，不仅是与爱人生活在一起，在他(她)的身旁还可能有他(她)的父母、亲人和朋友，要学会与他们相处，在婚前就应该创造条件去认识和熟悉那些应该认识

的人，以免婚后因许多陌生人闯入自己的生活而感到紧张。

三、双方应该多做了解，加深感情

有的男女由相识到结婚仅仅几个月，甚至仅见过几次面就结了婚，这种情况称为"闪婚"。

恋爱是播种，结婚是收获，庄稼不成熟，岂能丰收？可是，生活中到处可见庄稼不成熟就急于收割的恋人。某市法院近两年内审理了126对结婚不满3年就提出离婚的案件，其中竟有77对是双方相识、相处不到半年就匆忙结婚的"闪婚"。这些失败的婚姻，很大一部分原因就在于缺乏深厚的感情基础。他们忽略了建造婚姻大厦的基础工程，基础不牢，大厦怎么会坚固呢？

四、掌握必要的性知识和性心理

对性知识和性心理知识应有所了解。过去这方面是个禁区，因而使许多新婚者都尝受过苦恼，性知识的无知可对夫妻关系产生破坏作用，新婚夫妻不能回避这个重要问题。

有些恋人在婚前，或是由于有害书刊、影视作品的影响，或是有过令人悔恨的恋爱经历，或是由于性格潺弱，或是曾经受过精神压力，容易产生恐惧、自惭或紧张的精神状态，以致影响正常生理功能，并形成诸如厌食、惊睡、梦魇等症状，或者由于担心不能顺利地适应性生活，或者害怕怀孕，以致产生性心理畸形，设法逃避性生活。这种心理症状如不在婚前设法消除，很可能在新婚时产生性交无法进行或性冷谈情况，严重者可能会影响婚后感情。

这种心理状态是正常的紧张情绪，是每对新人都可能遇到的，两人应该找一个独立、安静的时间，做一次坦诚对话，表白自己的心声，打开话匣子的办法可以是："我对这段婚事有点紧张，你也是吗？"未婚夫应多安慰自己未来的妻子，谈谈未来的展望，双方的家庭，讨论问题时切勿使用责备的口吻，两人齐心协力释除内心的困惑，打消对婚姻生活的担忧。

性生活质量的好坏关系到夫妻的和谐与幸福，所以，必须认真学习有关知识，特别要了解异性性心理的一些基本常识，这对婚后性生活的和谐颇有帮助。

婚前生理准备与调适

一个美满幸福的家庭的建立，双方的身体健康也是重要的因素之一，因此恋人们在结婚前，应开始必要的生理准备。

一、注意日常锻炼，保持身体健康

平时就要养成锻炼的习惯，良好的身体素质能带来高质量的生活。如果等到你们决定结婚的那一刻再去锻炼，就有些晚了。好身体除了可以帮助自己的工作和生活，还会给爱人带来很多好处，如果你是一个阳光健壮的男人，首先会在心理上给恋人一个值得依赖的印象，恋爱的成功率也会增高。其次，男人在婚后还要承担体力方面的家务活，一个身手矫健的老公会让老婆非常自豪。第三，体质与性能力也是成比的，性爱是美满婚姻的润滑剂。

二、婚前体检及早去做

最好进行婚前身体检查，患有某些疾病的人是不能结婚的，应积极进行治疗，痊愈后再结婚。患有精神病，不可结婚；严重的风湿性心脏病患者，应晚婚或婚后控制生育；如患有肝炎、肾炎、活动性肺结核、贫血、阴道炎等，也要待病愈后方可结婚，否则，婚后会加重病情，有的病还会传染给对方。

三、学习一些生理卫生常识

结婚意味着男女将要开始两性结合的夫妻生活，所以除结婚前检查外，还要学习一些生理卫生常识。许多新婚夫妇由于缺乏这方面的科学知识，有的在新婚之夜，因为处女膜问题发生猜疑；有的过于沉迷于性生活中，影响了健康；有的新婚之夜处在女方月经期，也要同房，给娇妻造成极大痛苦，甚至染上疾病；有的夫妻性生活长期不和谐，又羞于就医或咨询亲友，使双方十分苦恼。再有，婚后女方正常的怀孕、分娩、哺育，都需要相关的卫生常识。孩子出生后，双方要精心喂养婴儿，避孕节育，也要这些生理知识做指导。所以，婚前应学习一些卫生常识，不仅有利于夫妇双方和后代身体健康，而且能使爱情得到进一步的巩固和发展。

为了让爱情之花开得更长久、更美好，请恋人们充分做好婚前必要的生理准备。

婚前护肤及保养

每个女孩都希望在婚礼上展示自己最美丽的容颜，但想做个娇艳水嫩的新娘，就要重视婚前护肤。婚礼前多长时间开始护肤？答案是：至少提前三个月。

一、肌肤的修整阶段

皮肤细胞的新陈代谢周期一般为28天，对于皮肤的保养和护理最少也要持续一两个月才能有所成效。所以，婚礼的美肤打算应当从婚礼前的两三个月前开始。在这一时段内，新娘婚前护理应以清理肌肤问题和修复受损肌肤为重点。

1. 眼部肌肤护理

婚礼上新郎新娘彼此宣誓，那记忆永恒的眼神怎能让黑眼圈和细纹抹杀了风情？眼周皮肤最为娇嫩，护理不当会使黑眼圈、细纹、眼袋等很容易侵入，在婚前一周要加强护理。

（1）加强保湿，赶走细纹：细纹产生的主要原因是干燥的空气，要记得每天都要使用保湿眼霜，最好隔天就使用保湿眼膜加强护理。

（2）告别黑眼圈：要加强眼部按摩，促进血液循环，从而消灭黑眼圈。另外，黑眼圈主要是因为休息不好而造成的，因此要注意休息，每天保证8小时的睡眠。

2. 唇部肌肤护理

唇部肌肤比较柔嫩，且容易失水变得干燥，有时还会起皮，因此要倍加呵护。

（1）去死皮：卸妆后，用热毛巾敷在唇部2～3分钟，充分软化死皮，然后用湿毛巾或柔软的刷子轻轻去除死皮。若是嘴唇干裂严重的人，可在热敷后把滋润去角质霜涂在唇部，然后用指腹轻轻按摩，让死皮慢慢脱落。

（2）做唇膜：唇膜与面膜、眼膜同理，都是通过隔绝外界空气使皮肤快速升温，以达到促进营养吸收的目的。学会做唇膜，并养成习惯。具体做法：可用专门的唇部保养乳润唇膏，厚厚一层涂在唇部，剪一块保鲜膜完全覆盖在上面，20分钟后洗去。

（3）唇部按摩：按摩可以帮助其增加血液循环、活化细胞功能、促进新陈代谢，令唇部柔韧细腻。唇部按摩可以在做唇膜之前或去除死皮的同时进行，可帮助唇部皮肤吸收保养成分，还能柔和地去除死皮。方法：用食指指腹轻轻在嘴唇上划小圆圈，数分钟即可。

3. 面部肌肤护理

美丽新娘当然要光彩照人，干燥、敏感、痘痘等肌肤问题，如何才能快速解决呢？

（1）肌肤干燥

补水+补油：一提到干燥，多数人会想到补水，却忽略了"锁水"的重要性。因为皮肤中水分会随着干燥的空气蒸发掉，只有锁住水分才能有效保持肌肤湿润。而护肤乳液中的油分就是很好的锁水剂，在出门前，适当的补充油分，能延缓肌肤的水分蒸发。另外，单靠在皮肤表面使用补水剂，很难达到满意效果，其他的水分应从体内获取。

做面膜：做面膜之前，最好先去除面部角质，才能让皮肤更利于吸收面膜中的养分。用温和的去角质凝胶同样以画圆的方法按摩面部，避开眼周位置。看到有死皮脱落后，用清水冲洗掉，擦干面部，敷面膜，15～20分钟后揭掉。

（2）痘痘问题

调节饮食：多吃有利于减少皮脂分泌和促进痤疮愈合的水果和蔬菜，如苹果、梨、西红柿、西瓜、黄瓜、丝瓜、冬瓜、苦瓜等，少吃荔枝、橘子、榴莲等高糖水果。酸奶是很好的饮品，不仅营养丰富而且食用方便，还具有保持脾胃功能，能使新娘气血通畅。

快速去痘：可在婚礼前一周到美容院请专业的医师把已形成的痘痘清除，再涂抹消炎除痘的药物，痘痘即能短时间快速地消除。注意：不要在家自行挤痘，以免留疤。

4. 颈部肌肤的护理

华丽的低胸婚纱、璀璨的项链，使新娘的颈部成为引人注目的焦点之一。无论如何，颈部出现松弛、干燥、皱纹都非好事，还易流露老态，因此，颈部保养尤为关键。肌肤问题对策：

（1）去除角质：可选择颗粒细致的去角质磨砂膏。将磨砂膏以螺旋的方式由下往上揉搓，颈部靠近耳后的部位也要彻底清洁，然后以清水洗净或以湿毛巾擦拭，最后再涂上滋润乳液。

（2）使用颈霜按摩：选择去皱滋润的美颈霜，涂在手上，用手掌从胸部往上按至下颌，以抗拒重力作用引起的肌肤下坠。随着淋巴、血液系统循环加快，颈部肌肤的健康活力也逐渐增加。

（3）颈膜护理：敷颈膜一次，在家就可以做。敷用前，先用去角质乳去除颈部的老旧角质（干性皮肤可每两周去一次角质），以促进营养成分的充分吸收。

5. 背部肌肤护理

性感浪漫的露背式婚纱礼服尽展新娘美妙的背部曲线，可也让背部的瑕疵、粉刺显露无遗，背部护理即可圆新娘一个浪漫的梦。肌肤问题对策：

（1）去除背部角质：背部皮肤平时清理较少，所以问题较多，也易出现痘痘。用柔软的带有长柄的丝瓜络轻轻摩擦，这项工作要提前数周进行。

（2）背部护理：海藻既消炎又保湿，海泥中的矿物质可深层清洁营养肌肤，可达到美白、消除痘痘、淡化印痕的功效。

6. 手部肌肤护理

"携子之手，与子偕老"，握住一双光滑细嫩的纤纤玉手会成为他记忆中一道美丽的风景。

（1）去死皮：手上肌肤因经常接触洗衣粉、肥皂、洗洁精等一些去脂性强、碱性大的物质，易使皮肤失去油脂的保护。方法：先用温热水浸泡双手，然后用磨砂膏在双手手指皮肤粗糙的部位轻轻按摩，十分钟后，双手会变得光滑柔细。

（2）营养按摩：用按摩乳霜按摩手部，有利于加快手部血液循环，增加手指弹性，更能促进营养吸收，令手部快速滋润。睡觉时带上手套，第二天早晨，手部肌肤将会有更显著的变化。

7. 手臂和腿部肌肤护理

四肢的护理也不能忽视，有些婚纱可以让新娘展示自己的一双美腿，好好抓住这个机会吧，把你最满意的那部分肢体展露出来吧。

（1）去角质护理：泡在热水里充分软化身体角质，10分钟后，把身体擦干，抹上磨砂膏，以画圆的手法按摩皮肤，动作一定要轻柔。不习惯用磨砂膏也可以选择丝瓜络，去除角质的同时还能促进血液循环。最后用沐浴露再清洗一遍全身。

（2）滋润肌肤：用适合全身肌肤的按摩乳涂满四肢，特别是手肘和膝部等干燥部位，以画圈的方式轻轻按摩。

8. 足部肌肤护理

俗话说"细节决定成败"，足部不可忽视，因为足部最易堆积角质，出现粗糙，千万不要因此破坏自己的美丽形象。

（1）泡脚：微烫的热水泡脚，水不要太少，以能浸到脚踝以上为宜。泡脚能令全身血液畅通，起到放松身体的作用。

（2）去死皮：5分钟后，用天然浮石或丝瓜络摩擦脚跟粗硬的死皮，力度要适中，一层层摩擦，直到皮肤变得柔软为止。

（3）清洁及保养：使用富含天然植物精华的足部清洁乳清洁，能迅速缓解足部肿胀，还具有滋润效果。最后，用润肤露涂抹足部。

二、肌肤的营养阶段

当肌肤问题得以彻底清理以后，下面的步骤就是给肌肤注进活力了，即多给肌肤补充其所需的营养，让肌肤逐渐呈现自然嫩滑的光泽。有以下几点需要注意：

1. 保持均衡的饮食

多吃蔬菜、水果等富含维生素的美肤食品，如胡萝卜、花椰菜、苹果等，也可以适当地补充一些补充维生素C、E。减少食用油脂及刺激性食品，以控制皮肤的油脂分泌。从内部调理入手，以内养外，唤醒肌肤的光彩。

2. 保证睡眠

每天睡足8小时。睡眠是最好的美容品，尤其是晚上11：00~5：00是睡眠质量最高的时段。即使婚礼前的琐事再多，也要尽量在晚上11：00左右休息。假如感到难以入睡，可以在睡前做一些放松运动，还可以在枕头上滴几滴薰衣草精油，让自己顺利入睡，做一个睡美人。

3. 放松，包括身体和精神上

把婚礼的准备内容列一个清单，做到心中有数。提前数天做好婚礼前的各项物质准备，心情就会轻松许多。可以天天对自己说："放松，再放松。我是美丽与智慧的化身！"最佳的身体和精神态度能够帮助你获得最完美的形象。

布置新房的必备常识

如果按照以前的传统习惯，布置新房是结婚过程中的重头戏，是很有说法的。现在，讲求与时俱进，你可以把自己的爱巢布置得缤纷绚丽、千变万化，从地面到天花板，都尽情展示自己的幸福，这同样也是欢喜气氛的一种体现。

一、卧室要体现喜庆色彩

作为别具内涵的卧室，最应展现的是喜庆气氛。

1．从色彩上加以渲染：以暖色为主，将墙和床头背景以"中国红"作底色，剪贴红色的"囍"字，这种美好而纯朴的古老形式并无损于新居的格调，反而更加强调了主题。

2．从布艺上烘托：可采用垂挂彩色丝绸、纱幔的形式，床上用品也尽可能与家居整体布置色调一致。面料上可选取绸面提花、印花或绣花三大类，花色图案常选取"二龙戏珠"、"喜鹊登梅"、"龙凤朝阳"、"囍"字等富有美好寓意的为佳。

3．通过饰品点缀：准备好烛台和大红蜡烛，在夜深人散时点燃于卧室，体味一下"银镜台前人似玉，金莺枕侧语如花"的美妙感受。饰品从数量上成对出现，有永结同心的寓意。

4．从家具选配上展现：以中性色为宜，不宜太浅，也不宜过重。在其他色彩映衬下可以给人以明快、欢乐、温暖的感觉。款式上既可采取中国传统的"架子床"、梳妆台等红木家具，又可采取现代布艺床与其他中式家具小件搭配的方法。

5．从照明上考虑：尽可能选择暖色灯光为主，辅以五彩缤纷的彩灯，以产生热烈、喜庆的感觉。

6．从布局方位上选择：婚房最好选择在阳光充足、空气畅通的位置，这样可增加室内亮度，使人心情愉悦。

7．从装潢手法上体现：还是应遵循现代空间与传统样式相结合的手法，简繁适中，在对比中产生美感，在和谐中营造气氛。

二、几种适合爱巢的家具种类

1．折叠式家具：充分发挥结构上的特点，最大限度节省空间。那些结构巧妙、变化丰富、造型别致的折叠家具已成为新婚家居选购的热点。

2．多功能家具：这对好客的年轻夫妇来说真是太重要了，比如长沙发夜晚拉开可以当床，连柜床可以摆放台灯、书刊、小装饰品等物，床底可以做成储物柜等。

3. 组合式家具：兼有衣橱、梳妆台、书架、古董柜、写字台等多种用途。可以组合在一起占一面墙使用，也可以拆开，按自己变换的心境和房间情况随时变换，重新组合，使房间常有新鲜感，巧妙地融合了使用和美学两大功能。

三、新房必备的小物品

一些提升情调的小件，也不能漏掉。

1. 洞房花烛——温情

如今的新房装饰中，最多选择的就要属蜡烛了，各种风格的洞房花烛可以迎合各种风格的新房装修。玫瑰花朵形的高脚杯蜡烛，热烈瑰丽，放置在床前最合适不过，给新婚的夜晚增加了一份神秘的唯美情调；各色的水果花烛，有形有色，或温暖亲切，或清凉怡人，使新人们忍不住要立刻来一个烛光晚餐。

2. 喜庆婚照——甜蜜

新房中最能体现个性色彩、凸显家居主人的爱好和审美趣味的，当属自己的结婚照。除了精心拍摄的结婚照，还可以挑选一些平时的生活照，将它们挂在你想挂的任何地方，门厅、走廊、卧室、餐厅甚至卫生间和阳台，让每一位贺喜的朋友都感受到你们的美满和甜蜜，也让他们艳羡你无所不在的智慧吧。

3. 好事成双——默契

传统的红色丝绸抱枕，会给家中增添不少传统的中国婚庆味道，张扬的红色、吉祥精致的鸳鸯或者富贵牡丹图案，给人一种热热闹闹的喜气。新房的床上、沙发上，各色艳丽丝绸抱枕，不仅可以在疲惫的婚庆仪式后，给闹洞房的朋友一个舒适的依靠、让室内的欢畅尽情挥洒，而且当人流散去，两人

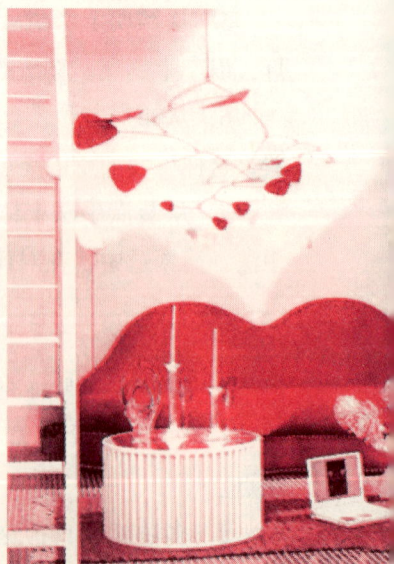

依枕共眠，也就连起了共担责任的一份默契。在这样的和谐中，你怎能不被感染？

4. 吉庆有余——宽容

门上的红囍字，是新房的标识，自然是必不可少的了。鲜艳硕大的囍字，带着扑面而来的喜气。各式各样的囍字在门上、窗间跳跃着，好像无数只喜鹊，叽叽喳喳地在传达爱意，祝福新人。分散的红色既起到了点缀的作用，又不会因为面积过大而给人烦躁感，能准确地传达出东方人的大气和宽厚，使新房布置富于东方特色。

什么季节结婚好

结婚登记后，情侣即是合法夫妻。这时你们就要选择一个良辰吉日，举办婚礼了。挑选哪个季节呢？总体的原则是：日子要比月份重要，月份要比年份重要。

一、根据气候来选择

一般说来，夏季气候炎热，不适合举办婚礼；春季气温适中，百花盛开，秋季天气凉爽，晴空万里，比较适合举办婚礼；冬季虽然寒风凛冽，从气候条件来看，不太适合举办婚礼，但每年冬季举办婚礼的却很多，这主要是我国人民一年中最重要的节日——春节在每年一、二月份的缘故。

二、根据婚礼形式来选择

现代的婚礼的形式也很重要，它是现代情侣们展现个性的绝佳机会。若想举办一场别具特色的室外婚礼，就要选择晴朗少雨、冷热适宜的季节；如果举行水上婚礼，则夏季较好；举行冰雪婚礼，冬季最佳。所以，先决定婚礼的形式，再挑选合适的季节。

三、留出外地宾客的旅行时间

如果新人的婚礼邀请的宾客有一些在外地，那么在决定婚礼日期时要考虑到他们的旅行计划的安排，选择长假并提早通知，以确保宾客们有足够的时间安排他们的行程。如果有国外的宾客，就尤其重要了。

四、考虑新人双方的工作和学习情况

筹备婚礼是个漫长和辛苦的过程，需要大量的时间和精力，尽量避免在两位新人学业和工作繁忙的阶段筹办婚礼。

五、节假日

选择在国家法定节假日举行婚礼，其优点是避免了与宾客们工作学习日程的冲突，但是也有许多不足之处：有些宾客会选择长假去旅行，从而影响了你的婚礼的出席率；有些节日在传统上或是全家团聚的日子（如除夕、元旦），有些亲朋也可能无法到场。

六、不要忽视风俗习惯和长辈们的意见

中国自古有"黄道吉日"之说，如果新人或双方家长中有任何一方信奉这一说法的话，为求家庭和美，长辈高兴，选择黄历上宜出嫁、成婚的日子举行婚礼为好。

什么日子结婚好

确定了婚礼的季节，就要选择一个具体的日子来举行仪式了，它表示夫妻新生活的开始。那么，这个良辰吉日选在哪一天呢？

一、中国的结婚吉日有哪些

1. 选择闰年闰月。中国人对结婚日期的挑选颇为看重，并且非常讲究"闰月"、"闰年"之说，即每隔两、三年便会出现一个闰年，即该年有两个"立春"，一个"闰月"。择结婚吉日，最好在有闰月的年份。

2. 避开三七九。最好避免在农历的三月、七月和九月，因这三个月份分别适逢"清明""盂兰"和"重公"，均为传统的"鬼节"，不宜办喜事。而在月初圆的"中秋节"月份，即农历八月是最适合办婚礼的月份。

3. 避开三娘煞。相传月老不为三娘牵红线，使她不能出嫁。基于报复心理，三娘喜与月老作对，专门破坏新人之喜事，故每月的三娘煞之日，即初三、初七、十三、十八、廿二及廿七，不宜结婚。

二、依据新娘的生理状况选日子

婚期应选择在有利于双方身心健康的日子。由于男女生理上有差异，选择婚期时，应多考虑新娘一些。按照我国传统习惯，男女双方在举行婚礼后将开始性生活，如果此时遇上女方月经来潮，对双方来说，都不是件愉快的事。加上婚礼应酬多，难免身体劳累，心情紧张，以致经期反应加重。再者经期子宫内膜脱落，宫腔内创面较多，如有性生活，很容易造成盆腔感染。所以婚期最好选择在妇女的月经后期（即月经干净后两周左右），这也是女方精神上和生理上的最佳时期。

如果新娘的经期不规律，而婚礼的日子都是提前数月就确定下来，可以考虑用药物控制月经来潮，医生会帮助新娘度过一个舒心的新婚之夜。

拍婚纱照需要做什么准备

婚纱照是一生的纪念，是一项大工程，也要做很多准备工作，耐心地把此文读下去吧，对照自己已经具备的常识，看看还有哪些欠缺。

一、新娘的准备工作

1. 发型

提前一周完成头发的剪染烫工作，修剪好适合拍照的发型。提前一天洗好头发，不要用柔顺剂护发素等，便于发型师做造型。

2. 护肤

皮肤护理是个长期过程，一般婚礼前至少要提前3个月开始护肤，如果是为拍婚纱照，也应提前一个月为好。期间不要尝试没有用过的面膜品牌，皮肤容易过敏的姐妹要避免选择美白面膜。提前一周做好皮肤的补水工作，特别是皮肤干燥的新娘，最好连做一个星期的补水保湿面膜。因为拍照可能在室外，而且一整天都带着很重的妆，皮肤非常劳累、干燥，又要一直笑，干纹很容易出现。如果拍出来效果不好，只有依靠后期处理了。

3. 指甲

把指甲修剪到合适的长度，提前一天涂上指甲油（最好以淡色为主）或者去美甲店进行美甲，别忘了对脚趾甲也美化一番。

4. 睡眠

拍照前晚避免在7点之后喝水，不可喝酒或服用安眠药，并要保证充足的睡眠，如果第二天眼睛肿了，就用冰水或黄瓜贴上。建议提前两周调整自己的生物钟，形成早睡早起的习惯。

5. 物品准备

全套化妆用品，还有化妆师（如果是影楼负责跟妆，就简单多了）。婚纱、与婚纱搭配的高跟鞋、礼服、一件保暖的开衫、一件无带文胸、一双舒服的平底鞋、浅色平角内裤（以免走光）、防晒霜、小镜子、花露水或驱蚊剂、纸巾、擦汗用的小毛巾、高热量零食（巧克力、牛肉干等）、饮料（带上吸管，以免弄花唇妆）、卸装油和洗面奶。

二、新郎的准备工作

1. 发型。新郎提前3天进行头发的剪染烫等工作。

2. 指甲。提前修剪好指甲及胡须。

3. 护肤。拍照前一天，新郎也要做一次补水的面膜，晚7点之后不要喝水，并保证充足睡眠。

4. 物品准备。

一套合身的西装、白衬衫、领带、其他拍摄时需要的礼服、平角内裤、皮鞋（最好准备两双皮鞋，和鞋相配的袜子也要准备两双）、剃须刀（要一直随身带着，因为拍摄可能持续到下午，胡茬又会冒出来）、数码相机或DV机（拍摄花絮留作纪念，别忘带电池）。

三、拍照当天的注意事项

1. 新娘当天早上把眉毛修剪好，去除腋毛和体毛，婚纱一般无肩无袖，手臂将是表现重点。爱出汗的话可以在腋部抹点香粉或带上走珠香体液。

2. 新娘不要穿套头衫，要穿开衫，以免换婚纱时弄乱发型和妆容。

3. 拍外景时，事先抹上花露水以免蚊虫叮咬。新娘穿丝袜出外景时可减少蚊虫叮咬，冬天则有保暖功能。

4. 带上小镜子，随时检查自己的发型和妆面。

5. 一定要吃早餐。由于拍照当天行程十分紧凑，需有良好的体力。

6. 新郎早上刮胡子，准备好剃须刀，因为可能拍摄到下午。修剪鼻毛。勿穿花色或深色内裤。

做一个结婚成本的预算

结婚是一生中最值得珍藏的记忆，也是每个女孩子心中最美的梦想。可随着生活水平的日益提高，结婚消费也成了经济生活中一笔不小的开支，买车买房自不必说，单是婚礼上的开支也能让工薪阶层唏嘘叹息好一阵呢。如何将婚礼办得实惠又得体，考验新人们的眼光和技巧的时候到了。

具体预算如下：

拍结婚照：4000~6000元不等（中档）。

结婚喜酒：每桌1000元~2000元不等，基本与收到的礼金平衡。

婚庆礼仪加礼服：4000元（含司仪、伴娘服、会场布置等），还有现场布置，总花费9000元。

婚车租赁和装饰：1000~5000元不等。

摄像拍照：2000元。

其他杂七杂八的费用：5000元~10000元不等。

合计：3~10万元。

这是一个普通婚礼的预算，当然还要根据各个城市的实际情况和婚礼的奢华程度。婚庆礼仪应尽量简单，节约花费，重点要让婚礼呈现出祥和与喜庆。

Chapter4

第四章 III

非诚勿扰

婚礼进行曲

门德尔松的《婚礼进行曲》，是莎剧《仲夏夜之梦》中的一段。曲调优美，速度徐缓，庄重中不失抒情。乐曲从辉煌的号角开始，引出热烈而隆重的旋律，中段旋律柔美、情意甜蜜，充满着欢乐和幸福的气氛，是婚礼中新人入场的绝配，已成为世界性的婚礼仪典进行曲。

进行曲(march)原是一种富有节奏步伐的舞曲。最初它产生于军队的战斗生活，用以鼓舞战士的斗争意志，激发战士的战斗热情，后来人们在社会生活中也常采用这种体裁来表达集体的力量和共同的决心。

结婚的过程就像一首众人协同作战的进行曲，婚礼上的一刻浪漫，包含着集体智慧的汇聚与创造。举行婚礼是一项大工程，需要一个团队的集体配合，包括双方的家庭成员、亲友、同学、同事、司仪、酒店工作人员等，大家既要统一步伐、同心合力，又要取长补短、节奏和谐，才能最终打造出一个华彩纷呈的盛典。

我们结婚吧

世上仅此一人，遇见了，就结婚吧！

在某一天，我们会遇见这样一个人。

你们可以相遇得很平淡亦或很离奇，你们可以一见如故亦或没有言语。但重要的是你们遇见了，遇见彼此的那一刻起你们开始相信奇迹。

这个人，也许任性也不算美丽，也许不帅气也没有人民币，但是这些都不重要。

因为她，你开始改变审美，她的任何表情在你的眼里都显得明媚。

因为他，你开始变换品味，习惯他犯傻的行为和满身的汗水味。

因为这个人的出现，我们宁愿赌上一世的姻缘。

因为这个人的出现，你开始那么仔细地规划未来。

不是因为年龄的增长，不是因为岁月的流浪，突然想在还有无尽青春的年华里说那一句：我们结婚吧，好不好？

我们结婚吧，好不好？那样我们就可以不再对着电话诉说想念，就可以每天清晨起来看见你的睡脸，然后一起吃一顿不太丰盛却很温暖的早餐。

我们结婚吧，好不好？那样我们就可以光明正大地在楼下拥抱，而不用担心被老爸老妈和邻居看到。然后我们十指紧扣，到处逍遥。

我们结婚吧，好不好？那样我们就可以拿着民政局发的红色小本子四处炫耀，我们可以在房间里挂满结婚照，看着看着就会不自觉地微笑。

不再因为任性而不肯低头，不再因为固执而轻言分手。最后坚信——一直走，就可以到白头。

给你一个中式婚礼流程参考

这里给新人们提供一个婚礼各项活动的模板，有些烦琐，但可以称得上面面俱到。具体到婚俗的细节上，因地域差别会有所不同，新人们有所选择地参考吧！

一、婚礼筹备计划

1. 决定婚礼日期、地点、仪式及婚宴方式。
2. 确定婚礼预算。
3. 草拟宾客名单。

4. 召集亲朋讨论婚礼计划，成立婚礼筹备组。

5. 最好制订一份婚礼项目计划书，明确筹备组分工。

6. 确定主婚人、证婚人、伴郎、伴娘。

二、婚礼前准备

1. 就婚礼筹备计划和进展，与父母亲友及与婚礼的参与者沟通。

2. 就婚礼当天计划与设想与婚礼司仪沟通。

3. 发喜贴给亲友、电话通知外地亲友，并及时反馈亲友受邀信息。

4. 再次确认主婚人、证婚人，对于重要亲友再次确认。

5. 布置新房：彻底打扫新房并布置，装修新房应提前半年以上。

6. 结婚物品采购：包括新家布置用品、家电、家具、床上用品等。

7. 婚礼用品订购：包括新郎新娘婚纱礼服、结婚戒指、新娘化妆品、喜贴、红包、喜字、彩带喷桶、拉花、烟、酒、饮料、糖、花生、瓜子、茶叶、水果、录像照相设备、预定鲜花、预定蛋糕。

8. 新郎新娘形象准备：新娘开始皮肤保养、新郎剪头发。

9. 拍婚纱照：挑选婚纱影楼、预约拍摄日期、拍照、选片、冲印或喷绘。

9. 婚宴预约：估计来宾人数、估计酒席数量、选择婚宴地点、确认酒席菜单和价格、确认婚宴现场的音响效果、与酒店协调婚宴布置等细节、预定酒席。

10. 婚礼化妆预约：选择化妆地点、与发型师化妆师沟通、确认婚礼当天的造型、预约化妆具体时间。

11. 婚庆车辆预约：确定婚车数量、选定婚车司机、预约扎彩车时间地点、确定婚礼当天婚车行进路线及所需时间、预约婚车。

12. 婚庆摄像预约：确定摄影摄像地点、路程和数量、选定婚礼当天摄影摄像人员、安排摄影摄像分工、准备摄像器材、预约摄影摄像。

13. 其他：确定滚床儿童、为远道而来的亲友准备客房。

三、婚礼前一天准备

1. 与婚礼的所有项目人沟通：就婚礼准备工作完成情况与父母沟通；就准备情况和婚礼当天分工与筹备组最后沟通；就婚礼当天仪式进程与司仪最后沟通；与伴郎伴娘再次沟通；最后确认帮忙的亲友；最后确认婚宴、车辆、摄影像、化妆等的准备情况。

2. 确认婚礼当天要发言人的准备情况：主证婚人发言准备情况；父母代表发言准备情况；来宾代表发言准备情况；接新娘提问准备；新郎新娘在仪式上或闹洞房可能会遇到的问题。

3. 最后确认婚礼当天所有物品准备情况：最后试穿所有礼服；将婚礼当天要穿的所有服装分装；准备婚礼当天新郎新娘的快餐干粮；最后检查所有物品并交于专人保管；新娘的新鞋；结婚证书；戒指；红包；要佩戴的首饰；新娘补妆盒；糖、烟、酒、茶、饮料；焰火道具。

4. 新郎新娘特别准备：新郎新娘反复熟悉婚礼程序；预演婚礼进行台步；预演交杯酒动作；放松心情，互相鼓励；注意睡眠，早点休息。

5. 准备闹钟：确认一只正常工作的闹钟；将闹钟调到5点半。

四、婚礼当天流程

1. 化妆。5：30起床；7：00新郎发型做好后到达新娘家附近等待；7：45新娘妆完成，通知新郎；化妆师、美发师红包。

2. 婚车。6：30开始扎彩车；7：00专车送新郎至新娘家；7：30彩车完成；7：45专车送新娘回新娘家（8：30前到达）9：00所有婚车到达新娘家；司机红包。

3．接新娘。8：00伴郎准备好鲜花、红包；新娘回到娘家，藏好新鞋；8：40新郎带领兄弟们开始接人；8：45敲门、进门；8：55新郎找新鞋，向女方家人承诺；9：00彩带师到位气球到位；9：05新郎接新娘出门，彩带，踩气球；9：10车队出发。

4．迎新娘。10：00车队到达新郎家；10：05新郎抱新娘进门，彩带，踩气球；10：10小孩子滚床；10：15伴娘准备好茶；10：20新娘给新郎父母敬茶；10：40新郎新娘出发至酒店。

5．酒店准备。10：00将糖、烟、酒、茶、饮料等带至酒店；10：10最后检查酒席安排、音响、签到处等细节；准备好新郎新娘迎宾，香烟、糖；10：45彩带师到位酒店门口。

6．酒店迎宾。10：50新郎新娘到酒店，彩带；11：00签到处人员就位；11：00引导人员门口就位；11：00新郎新娘伴郎伴娘门口迎宾。

7．婚礼仪式。

（1）各项准备。12：15主持人准备；音响准备；结婚证书、戒指准备；气球、彩带到位。

（2）入场。12：20奏乐，新人入场，彩带、踩气球。

（3）致词。主持人介绍；主婚人致词；证婚人宣读结婚证书。

（4）新人父母上台。

（5）新郎新娘交换戒指，三鞠躬。

（6）新人给父母敬茶；双方父母代表讲话；双方父母退场。

（7）新人开香槟、切蛋糕、喝交杯酒；游戏。

8．婚宴。

13：00婚宴正式开始；13：00新郎新娘退场，新娘换礼服；13：15新郎新娘逐桌敬酒；14：00宴席结束，宾客与新人合影。宾客离开或继续其他娱乐节目；14：30新郎新娘进餐、休息；14：30清点所剩烟酒糖等；14：30如果有晚餐，统计人数。

9．晚餐。

10．闹洞房。一般在晚上开始，节目自由发挥。

11．摄像摄影。摄像A从新娘化妆开始全程拍摄新娘；摄像A从新郎抢亲开始全程拍摄新郎；摄像B拍摄婚礼仪式全过程；摄影适时拍摄；摄影摄像人员红包。

婚礼用品知多少

想拥有一场完美婚礼就必须打好准备战，列出一个婚礼物品清单是最好不过的方法。这份清单，也许会帮到你。

一、婚礼筹备期间

新房布置

1. 新家布置用品
2. 家具
3. 家电
4. 床上用品
5. 窗帘

服饰部分

1. 新娘婚纱、头纱手套
2. 新娘礼服
3. 新娘送客服
4. 新娘手包
5. 新娘婚鞋
6. 新娘内衣、睡衣
7. 新娘丝袜
8. 新娘配饰（头饰项链等）
9. 新郎西服
10. 新郎礼服
11. 新郎衬衫
12. 新郎领带、领结皮带

13. 新郎皮鞋（黑、白）

14. 新郎袜子（深、浅）

15. 袖扣、领巾等装饰

16. 眼镜、隐形眼镜

17. 新郎内衣、睡衣

首饰部分

1. 钻戒

2. 对戒（真、假）

3. 手镯（配旗袍）

4. 信物（如对表）

其他服饰

1. 双方父母服装

2. 送双方父母礼物

3. 伴娘礼服、礼物

4. 伴郎领带、礼物

婚礼现场装饰部分

1. 鲜花

2. 海报或易拉宝

3. 来宾名单（易拉宝）

4. 菜单

5. 迎宾牌

6. 戒枕、戒指盒

7. 交杯酒杯

8. 情侣公仔

9. 香槟酒瓶套

10. 荧光冰块、荧光液

11. 蜡烛

12. 喜糖篮、花篮

13. 气球

14. 同心锁

15. 红地毯/白地毯

16. 椅背纱/装饰纱

17. 红酒贴

18. 喜贴

19. 签到本

20. 签到笔

21. 席位卡、夹

22. 喜字

23. 火柴

24. 红包（大、小）

25. 床撒

26. 彩带喷桶

27. 喜糖袋

28. 回礼小礼品

29. 打火机

食品部分

1. 喜糖

2. 红枣

3. 花生

4. 桂圆

5. 莲子

6. 干果

7. 白酒

8. 红酒

9. 啤酒

10. 香烟

11. 软饮料

12. 茶叶

二、婚礼当天用品

新娘和伴娘必备品

1. 零食和水
2. 婚礼流程表
3. 小镜子
4. 吸管（不会弄坏唇彩）
5. 备用长丝袜
6. 头发定型喷雾
7. 唇膏、粉底
8. 手机及备用电池
9. 红包
10. 安全别针
11. 指甲油
12. 眼药水
13. 备用隐性眼镜和护理用品
14. 备用首饰（耳环、项链、手链等）
15. 发夹
16. 吸油纸
17. 漱口液、口气清新剂、牙线
18. 婚礼筹备人员联系表
19. 针线包和剪刀
20. 止痛药
21. 助消化药
22. 创可贴
23. 卫生护垫
24. 指甲锉
25. 棉花球、化妆棉
26. 鞋垫
27. 手帕

28．香水

新郎和伴郎必备品

1．备用衬衫

2．备用领结或领带

3．备用短袜

4．擦鞋工具、备用鞋带

5．药用纱布

6．手帕、纸巾

7．剃须刀和剃须液

8．指甲刀

9．备用袖扣和纽扣

10．手表

11．手机及备用电池

宴会厅

1．喜糖

2．自带的酒水

3．香烟

4．火柴

5．拉炮

6．花瓣

7．签到本

8．签到笔

9．结婚对戒外包装盒

10．新人的结婚照

酒店新房

1．水果：甘蔗（勿去皮，切成段，用红丝带捆扎好）、柚子2个（系上红丝带）、葡萄若干（需成串的）、苹果（双数）。也可根据自己的喜好添置一些时令水果，如石榴（因其籽较多，有多子之意）、西瓜、杨梅、蜜桃（取意今后生活甜蜜美满）。忌讳上梨和橘子，因为梨有与分离的"离"同音，橘子又要一瓣一瓣地分开来吃。

2. 枣、花生、桂圆、莲子各一小盆。

3. 各色糖果、巧克力少许。

4. "囍"字、拉花少许。

5. 白煮蛋（不少于8个，成双数）。

6. 新人的婚纱照。

三、蜜月必备品

1. 行程安排。

2. 护照。

3. 身份证。

4. 机票和预约酒店凭证。

5. 旅行代理商联系电话。

6. 航空公司联系电话。

7. 酒店联系电话。

8. 旅行支票。

9. 外国货币。

10. 旅行指南、关于旅行的书。

11. MP3随身听。

12. 防晒霜、晒后修复霜、唇膏。

13. 避孕药具。

14. 创可贴、肠胃药、抗过敏的药和感冒药（夏天带防暑药）。

打造一个专属你的个性化婚礼

　　一生一次的展示才华的绝好机会，终于来了！

　　相信每一个人结婚前都参加过几场婚礼，隆重、豪华、繁复、热闹，或者沉闷、琐碎，总之各有特色，但又难免千篇一律。能给你留下深刻印象的又有几场呢？每当你作为宾客坐在席间的时候，是不是经常暗暗自语："如果这是我的婚礼，我一定会如何如何……这个小环节，如果让我设计，一定会使它成为整个现场的焦点……"是的，也许你不算是潮男潮女，也无法永远站在时尚的最前沿，但至少可以把自己一生一次的婚礼变成展示自我的最好机会。你的婚礼可能因你精彩的创意而长久地留在大家的记忆里。你有多少才华，就展现出来吧，你有多少创意，就会收到多少应和。今天，一试身手的机会终于来临了，你的身份已由来宾转变为婚礼的主角，这个舞台专属于你！

如果你有足够的经济支持，那就尽情奢华吧；如果你不想铺张，那就简单一点，新奇一点，年轻一点，甚至不需要婚庆公司的专业支持，一场小型婚礼也能隆重而甜蜜，让你收获无数的人情味和乐趣，为你打造梦想中的甜美之梦。下面是新人们的亲身体验，给幸福的你作为参考：

参考一：新人互赠的礼物

在一个朴素的婚礼现场，一位新娘把一叠粉色的打印纸作为礼物送给了新郎。在众人不解的眼光注视下，新郎也迷茫地接过礼物。所有的宾客都在等待着现场的反应，当新郎仔细阅读纸上的内容时，大颗的泪水顺着他的面颊滑落下来，他禁不住拿起话筒，哽咽着将纸上的文字轻轻向大家读出来。原来纸上记录的是新郎新娘恋爱以来的所有短信，新娘将它们按时间顺序，逐一记录下来，并在婚礼的前夜打印出来。新娘要告诉所有的来宾，她与新郎是怎样的相惜相爱，她对这份感情是多么地珍视……

参考二：设立一个展示板

有一对新娘新郎，在婚礼现场竖起了一块展示板，上面贴满了受邀参加婚礼的亲朋好友与两位新人在过往岁月中的合影照片，这份见证了亲情与友情的展板，当天也成为合影的主要背景。当亲友们离场时，这些照片被做在了相框里，作为永久的纪念送给了来宾们。有些婚礼，将照片用幻灯片的形式放映出来，但不一定有真实照片那么感人。

参考三：制作一支特别的纪念杖

有这样一个婚礼，在入口处给每位来宾发一条细彩带，让他们在上面写下祝福的话语，然后系在一根细杆上立在接待处，婚礼后可以把它作为纪念品收藏起来。

参考四：搭一个拱架

先在婚礼现场搭一个弧形的拱架，每位来宾到达时，会得到一只鲜花，然后由客人把它们插在拱架上，随着客人不断到达，鲜花也越聚越多，最后形成了一个鲜花拱门。举行仪式时，新人即可从拱门下通过。

参考五：改良仪仗队

如果新娘新郎有足够多的死党，就把他们全部请来吧，仪式前让大家列成两队，把网球拍或棒球棒搭在一起，一个很特别的长廊噢，新郎新娘手拉手从友情搭成的长廊下走过。

如果你们想展示另类风格，还可以把撒向新人的五彩碎纸换成大米、鸟食或花瓣，或其他任何你能想到的东西，只要不砸伤人就好。

参考六：喜糖挂上小礼物

一个无锡新娘的小经验："喜糖是几乎所有的中式婚俗中都必须要出现的环节。在无锡，还要送喜蛋，可是收了喜蛋反而成了负担，因为基本没有人会吃，我们办公室每次收到喜蛋，我们就堆在一张桌子上，过几天收拾桌子时怀着很愧疚的心情把一堆喜蛋扔掉。喜蛋成了鸡肋，食之无味，弃之可惜，所以为了别人没有愧疚的心情，我们决定不包喜蛋。但单有喜糖似乎太单薄了，我就买了小挂件挂在喜糖上，有两个小人掀红盖头的，有拜堂的，还有吉祥物麒麟、招财猫等，大家收到后都很开心，觉得我们很用心，而且这个小礼物既有纪念意义，也挺实用，可以作为装饰品。还有用精美的杯子装喜糖的创意，也非常受欢迎。"

参考七：自行车代替婚车

一个女大学毕业生的经历："我在结婚前一周突然不想要婚车了，因为路程很近，我想能不能骑自行车呢。我和老公是大学同学，校园里单车是情侣们的交通工具，这种校园情节我一直不能忘怀，拍婚纱照之前想了很多次要拍这种单车上的感觉，但拍照那天兴奋得忘了，正遗憾呢，现在有这个机会正好实现这个夙愿。征得大家的同意后，请来很多同学一起参与，大家都骑着挂满了小装饰的自行车，浩浩荡荡。知情的同事预先报料给了电视台，当天还有记者来采访，并在当晚播放了，第二天又重播。后来我把这段电视报道刻录下来作为纪念，虽然当天我们自己也录像了，但电视台的片子又是另外一种意义了。"

参考八：浪漫的最高境界

听觉和视觉上完美结合的感受才是最浪漫的，邀请一支弦乐队吧，它比普通的电子乐队更能营造浪漫气氛。大提琴拉出舒缓的曲子，小提琴手则在宾客间穿梭，用欢快的曲谱挑起现场宾客的情绪，还有什么比这更有创意？嗅觉上的浪漫也不要错过，一丝若有若无的香气会使人们的精神更振奋，不必太浓，几支香味蜡烛和幽幽的香水百合就能达到效果。不要忘记装点一些更实际的浪漫，比如摆出一个漂亮的大蛋糕，布置一个引人食指大动的点心台等。宾客们享受浪漫的同时，食欲也会被充分调动起来。最后，在仪式的高潮使用泡泡机，梦幻般的效果会让大家终身难忘，还可以给每位宾客发一瓶可以吹的肥皂水，让他们也变成浪漫的一分子。

参考九：电子请柬

电子请帖的形式可以全由你们自己设计和制作，有的新人将他们的甜蜜照片做为背景，有的请帖做成了手工绘制的特殊效果，无论哪种形式，都能展现新人的鲜明个性。如果想省事，就在网上下载一个吧，记得一定要把新人的名字和婚宴时间、地点改一下。

怎样挑选结婚戒指

简约即经典，属于你的就是最好的。

在新郎、新娘举行婚礼之时，订婚戒指就被结婚戒指所取代。结婚戒指表示对爱情忠贞不渝，信守终生。

结婚戒指多是白金镶钻或足赤金戒，上面或刻有双方姓名及结婚年、月、日，或刻有代表吉祥的字样。结婚戒指采用死圈口，表示永恒不变，日久天长。

怎样挑选结婚戒指呢？主要在外观和质感上有要求，选择戒指如同挑选衣服，只有与自己的相配得宜，才能充分发挥它们的装饰效果。

一、宝石戒指的选购

1. 根据手形选择

纤细的手指适合佩戴各种各样的戒指，尤其是钻石戒指、玉戒或其他较大一些的珠宝戒指，这样能把柔嫩的玉指衬托得分外秀丽。短而扁平的手指，如选用鹅蛋型戒面，会增强其手指的细长感。选择指圈时，手指长的多选择宽边的，手指短的多选用窄边的。

2. 戒指的尺寸大小

每个人的手指粗细不一，应"对号入座"，戒指的圈口大小要适中，不宜过松过紧。过松则戒指容易脱落，也易因位置转动而造成戒指宝石面磨损；过紧则会影响手指局部血液循环，影响身体的健康。一般来说，选择较大的宝石戒面的戒指时，可以挑圈口略小的死口戒指，以避免宝石向指缝倾倒。

3．戒指的工艺质量

戒指的工艺质量的好坏，要看以下几个方面。

（1）镀层。质量好的戒指指镀层均匀、色泽和谐、密度细腻；质量差的戒指，则颜色有明显差异，镀层厚薄不匀。

（2）造型。如果选择对称型的戒指，要注意戒指两面是否对称均匀、高低一致、厚薄相等。还有戒指的齿口要居中，宝石位置要平稳，宝石与托要严密，间隙越小越好，托座的牙齿要光滑，位置要周整，四齿或八齿的话，齿距要基本相等。戒指的指轮必须圆整。

4．宝石的选择

主要从颜色、形状两方面来选择宝石。

（1）颜色的选择。要根据每个人的心理和性别特点来挑喜爱的颜色。

（2）形状的选择。蛋圆形、八角形、方形、长方形的宝石戒面的特点是大方、实用；鸡心形、马眼形、橄榄形、梨形的宝石戒面则显得别致。

二、钻戒常识

钻石戒指以其耀眼夺目，雍容华贵，多少年来一直受到人们的喜爱，它不仅起到装饰的作用，还有极其美好的含义。从前，人们称钻石是金星（爱神）石，可以和晚空灿烂的金星媲美，象征爱的女神，所以情侣们喜欢选用钻石戒指在结婚时佩戴，以表示爱情坚贞不移。了解一点钻戒指标的小常识吧。

1．4C

4C是评估钻石的基础，当然也决定了钻石的价值。包括切磨（cut）、颜色（color）、净度（clarity）及克拉（carat）。

2．切工

切工原指切磨钻石形状的工艺技术，现在包括钻石的对称、比例和抛光质量。在4C标准的其他3项一定的情况下，切工的好坏，甚至能影响钻石价格的40%左右。所以说切工是钻石的第二生命。

3．净度

净度由高到低分为：FL（无瑕）级、IF（内无瑕）级、VVS（极微瑕）级、VS（微瑕）级、SI（小内含物）级、P级（内含物）级。珠宝店里大多数钻石都是SI以上，即"肉眼下无瑕疵"。

4．色级

钻石相当于一个能把光线分成五颜六色的光并且能够将这些光反射出去形成多彩闪光的棱柱。因此，钻石的颜色越浅，反射光的能力越强。色级由高到低分为以下几等：D级：完全无色，最高色级，极其稀有。E级、F级：无色，均属于高品质钻石。G~H级和I~J级：接近无色。K~M级和N~Z级：颜色较深，火彩差，不建议使用。

特别提示：

国际性证书和非国际性证书最大的区别在于全球通行性和对切工的客观指示，GIA、HRD等国际性证书之所以被世界珠宝界接受，是因为在评定钻石等级时相当中立。另外，对于圆钻4C标准中的"切工"，GIA证书把其优劣从高至低分为Excellent、Very good、Good等，一目了然，而非国际性证书对切工的标示基本都缺失了，这一点需要新人们清楚。

怎样挑选婚纱礼服

买婚纱还是租婚纱？

结婚是件大事，婚礼的花费就很巨大，怎么把结婚资金用到最合适的地方，把婚礼办得既隆重又实惠？专家的意见是：买一件中档婚纱还不如租一件高档的。

先来计算一下，买一件中档的婚纱，价格1000元左右，礼服售价则为600~800元。而租赁婚纱加礼服，可能只需800~1000元，并且有更多的选择余地。同样的价格，可以租到售价两三千元以上的高档婚纱和礼服，有的礼服馆还会加赠伴娘服。而这类婚纱一般是最流行的是拖地长婚纱，价格相对较贵，打理起来也复杂，租赁要方便一些。

具体来说，怎样挑选婚纱礼服呢？

一、依据身材挑选新娘礼服

1. 身材高挑修长的新娘，穿任何款式都好看。

2. 个子娇小的新娘应避免蓬裙，选择线条简单的款式为宜，A字型或高腰设计都非常适合，可将腿部的线条拉长。

3. 比较丰腴的新娘，宜穿低胸或露背的款式，除可展现胸部丰满的优点外，还可拉长颈部的线条。也可选择垂直型的中长袖礼服，或是另加披肩，将略粗的臂膀遮掩起来。

4. 纤细消瘦的新娘，由于双臂骨架较小，上半身宜穿长袖或是蓬蓬袖的款式，或戴长手套作为装饰，下半身可选择蓬裙样式，整个人看起来不会太单薄。

5. 面貌姣好的伴娘，礼服不宜过于复杂、华丽，清新淡雅最好，以免夺走新娘本身的光彩。

二、依据脸形挑选礼服

除了身材之外，脸形也是选择礼服的参考要素之一。圆脸或颈部较短的人以落肩、低胸或V型领的款式为佳；方型脸的人可试试V型或是桃心领样式，避免四角领设计；倒三角脸与桃心领设计不搭配，可选择船型领或大圆领款式；至于人见人爱的鹅蛋脸就幸运多了，没有什么特别限制。

三、根据喜宴的形式来选择

若采用观礼仪式，礼服应该极尽华丽，以七尺以上的长裙摆为佳，在证婚时，通常是背对着祝福的亲友，因此礼服背部的设计和头纱的层次、质料的选择就很重要。若采取公证结婚，则礼服款式应简单大方，裙摆不宜过长。如果是户外婚礼，就要方便新娘走动，甚至可以即兴与新郎共舞一曲。

新娘妆有几种类型

做新娘是每一位女性一生中最幸福、美好的时候，在这一天，新娘要展示自己最靓丽的仪容风采，留下一生最美的见证。新娘可以根据自身的情况选择妆型，一般有以下几种类型：

一、青春型

具有淡雅、透明和开朗的感觉，可以多运用明亮的色彩，如嫩黄、粉绿、雾橙等。使整个妆容散发出纯净的清氛，犹如报春的新蕾，时刻透露着早春的明媚与朝气。大胆采用灰色和绿色的组合来修饰眉毛，眉型呈完美弧度弯曲，不经意之间增添几分甜美；明亮的黄色眼影，用褐色在上眼睑淡淡地画出眼睛的层次，显得立体而深邃；唇部可用淡粉色，使妆面更清新脱俗。此类型适于面部轮廓清晰、健康清新的女生，婚纱可选择清纯的白色或香槟色。

二、娇俏甜美型

适合气质甜美，身材娇小玲珑的女性。面妆做成暖色调，可以将双眼修饰成圆型，面部以扩散方法涂成自然红，唇部线条自然，唇角略略上翘，唇谷颜色稍深，唇峰画成圆润的曲线，整个面妆给人可爱俏皮的印象。婚纱最好选择色彩鲜艳、款形活泼的样式。

三、典雅简约型

高贵与简约有时是可以并存的，精致脱俗却又简约大气的妆容无疑会使你成为众人瞩目的焦点，令你如一朵出水芙蓉。

用褐色的眉笔勾画出平稳而流畅的眉型；眼部以闪光白色和粉紫做上眼睑的晕染，眉骨处用白色提亮；在睫毛根部勾画细且上扬的眼线，仔细粘贴上根根分明的假睫毛；下眼睑刷上小颗粒的银白闪粉，平添一分雅致的贵气；唇部使用粉紫红的唇膏加亮白色，显得简约而自然。这款新娘妆适合典雅优美的新娘，搭配白色婚纱最好，借以烘托其新娘的优雅气质。

四、美艳妩媚型

此款妆容色彩较强烈，线条夸张而明显，具有成熟、娇媚和迷人感觉。眼影画成对比色；眉形描成流畅飘逸的曲线；唇型加厚，唇角略略上翘，唇膏色彩浓厚鲜明，使整个面妆一眼看去有热情似火、个性奔放之感。玫瑰红或红色婚纱会为之更添一分艳丽和妩媚。

五、个性时尚型

具有现代化、个性化之风格，面妆造型突破传统，眼影有银灰、蓝紫、金红等色系的组合，唇彩为鲜红或银粉装饰色。婚纱或长或短或不对称设计，颜色款形均与面妆配合，充满标新立异之风格。

小提醒：

1. 结婚是喜庆的场合，所以，新娘的妆容不能太过另类，不能违背婚礼当天的喜庆气氛，应该着力展现新娘的娇美、圣洁、优雅，毕竟婚礼是两家所有的亲朋齐聚的时刻，要照顾所有来宾的审美观。

2. 影楼新娘妆与当日新娘妆是有区别的：当日新娘妆是在自然光下与亲朋好友的近距离的接触，整体效果不能过于浓重和夸张，以清新自然、喜庆为主；影楼新娘妆多在影棚里的灯光下进行拍摄，妆面修饰感强，从粉底，眼影到口红的选用上，色泽都比当日新娘妆要鲜艳而夸张。

让小配饰成为点睛之作

婚礼上小道具包括请柬、签到本、迎接牌、指路牌、座位卡、戒指托、回礼等，即便是最小型的婚礼，这些小道具也是不能缺少的。而且，所有的道具不论大小，都要符合婚礼场地、色彩的要求，所有印刷品都应该有比较统一的设计，也就是说要做成套的，能使现场显得秩序井然。

这几样小物品，看似只是细节，但如果制作得精细一些，会把婚礼烘托得更好。采用西式风格的道具一般会比采用中式的显得更时尚。

一、请柬

一份正式的请柬，流露出新人们对受邀亲友的尊重。所以，无论婚礼的规模如何，请柬是必不可少的。如果是小型婚宴，请柬的内容可以亲切随意一些，可以使用来宾的昵称，还有口语化的邀请。

二、迎接牌

迎接牌上要清楚地写明新郎新娘的名字，如果宴会地点还有一段距离，则要在迎接牌上指示清楚。是好能将你俩的头像印在迎接牌上，亲友们就一目了然了。

三、签到本

签到本除了表示婚礼的庄重性，还可让新人搞清来宾的人数。如果只是宴请几桌至爱亲朋的小型婚宴，签到本就可以免了。

四、指路牌

指路牌要能明确、简单的指示路线，直观地告诉宾客洗手间在哪里，领取回礼在哪里等，这样可以避免不必要的混乱。小型婚宴也可以免去这一条。

打造婚礼上的闪耀新郎

一场婚礼，大家往往都把焦点集中在新娘身上，因为新娘的礼服和妆容可以千变万化，而可怜的新郎只能像花园中的绿叶一样，做个无奈的陪衬。各位准新郎们，你们甘心当个陪衬人吗？是否也有一展风采的愿望呢？先从头发开始吧。

一、发型的确定

1．结婚日前3天应该去剪发，如果烫发，要提前7～10天，以免烫发药水的味道及烫发痕留在发上。

2．新郎不妨用一种有染发效果的发彩直接梳在头发上，能增添不少时代感，最好婚前一星期先自己动手试试效果，真的DIY不成，还有时间去美发厅。

3．有头皮屑的新郎可要注意，婚前3个月便应开始护理。使用专用的去屑洗发水，洗发时用温水，按摩时要用手指肚，绝不能用力乱抓。洗干净后，用毛巾把头发擦干，如需要吹风机吹干，一定要距离头部15厘米用温和的风吹。

二、皮肤的调理

1．如果条件许可，应在婚前3个月开始面部皮肤护理。

2．做好面部清洁，每天早晚用洗面奶洗脸（这已是最基本的了），然后轻轻拍上保湿化妆水，再涂上适合自己肤质的乳液。

3．推荐几个自制面膜：

蜂蜜面膜：有舒缓紧张的皮肤及预防嘴唇干燥破裂的效果。首先用洗面奶把脸洗干净，用毛巾轻轻擦干。将蜂蜜在脸上涂上轻轻薄薄的一层（包括嘴唇），静候约6分钟，用清水冲洗干净即可。

酸奶面膜：有使皮肤湿润及光滑的效果。超市买一瓶纯酸奶，不是酸奶饮料啊，也不需要那些颗粒啊，原味的就可以。先把脸用洗面奶洗干净，用毛巾轻轻擦干，把酸奶在脸上涂上轻轻、薄薄的一层，待酸奶干后，再用清水冲洗干净便可。

胡萝卜面膜：可令粗糙的皮肤逐渐变得光滑及有弹性。先把胡萝卜去皮再磨成泥，预备一张面膜纱布（一般超市或化妆品店有售）。再用洗面奶把脸洗干净，用毛巾轻轻擦干。把面膜纱布盖在脸上，纱布上应该已有眼睛、鼻子及嘴唇的洞，位置放好后，再把胡萝卜泥涂在面膜纱布上，约0.3厘米厚，然后悠闲地闭起双眼静候约10分钟，再用清水冲洗干净便可。由于胡萝卜泥比较容易掉下来，所以最好是躺着做。

三、礼服的选择

新郎在选择礼服款式及做礼服时，应留意以下几点：

1. 身形瘦削的：应用比较硬挺的质料来做礼服，以遮掩瘦削的骨架。

2. 身形肥胖的：应以深色的布料为主，尤其黑色最佳，不适宜穿燕尾礼服及双襟形的礼服。

3. 身形较矮小：不宜穿燕尾及长形的礼服，最好选择单襟，直条花纹及领尖向上的礼服。

4. 身形适中或高大的：穿燕尾服最好看，不要犹豫了，一生难得有机会穿上燕尾服，抓住机会当个气派的新郎啊。

四、画龙点睛的小配饰

新郎在婚礼及喜宴上，应该是与众不同的，可是中国大多数的新郎，都淹没在婚礼的人潮中。参加婚礼的男宾，一般都是西服领带，如果不走近一点看胸条，根本分辨不出哪个是新郎，哪个是服务生。怎样成为全场独一无二的男主角呢？需要花点心思。

1. 用领结、领花代替领带。

2. 穿件抢眼合身的背心在西服内，如金色、银色、白色或有明显花纹的。建议考虑与新娘的礼服配色一下，金色和银色最容易配衬新娘的婚纱。

3. 用燕尾服代替传统而刻板的西服吧，一定最抢镜。如果身材不适合穿燕尾服，也没关系，可以选择暗亮质料的西服，剪裁方面可以修身一点，但不要过份紧身，扣起钮扣，坐下来双手能够举高，这就可以了。

4. 衬衫最好选择白色，适合各种肤色。款式和细节要足够时尚，比如有打褶的或小立领，要有质感，不能选上学时穿的白衬衫啊！如果选定一件有特色的衬衫，可以不用穿背心，加上腰封，看起来也很帅。

婚宴如何节省支出

"结婚不是为了婚礼，而是为了婚姻"，一切都要量力而行。

对于许多即将结婚的新人来说，婚礼开支总是呈现不断上涨的趋势。怎么才能最大限度的节约支出呢？如果想省钱，就要舍得花时间去研究和筹备婚宴，前期费心时间越长，后期就花费越少。要提早准备，有充足的时间去比对各个服务项目之间不同的差价和优惠，找出性价比最高的。

省钱第一招：制定宾客名单

如果你们的婚礼费用预算有限，就应该好好考虑一下邀请名单，别指望把所有人一网打尽，更不要期待靠礼金的收入来维持收支平衡，这个时候需要一个正确的策略。

省钱第二招：正确计算婚宴酒席

计算喜宴桌数是新人最头疼的一件事，订多了浪费，订少了客人没地方坐，非常失礼。一般来说，新人可以依照放出的喜帖打8折来计算，比如说发出了300张，到场的客人大约就是240人左右。

1. 九七折算法：如果新人的朋友都是以团体计算，比如说上学时曾经是某社团成员，或是教友之类的，因为有团体力量及感情，客人出席率会比较高，可以打九折计算。而如果发的帖子都是给小学同学啦，以前的同事啦，或是很久不联络的朋友，大概就要打到七折了。

2. 电话确认法：这种方法更谨慎一点，最好在宴客前一周打电话给来宾，邀请并确认对方是单独前往或阖家光临，不但可以确实掌握来宾人数，还可以顺便联络感情，真是一举两得。

省钱第三招：婚宴菜肴有学问

1. 婚宴点菜，尽量选择较便宜又实惠的菜式，点菜的时候可以使用以下几种省钱的好方法：

拆分法：比如乳猪不要整只，要拼盘。

替换法：海鲜不要老鼠斑，换成红鲔，其实味道差不多。

剪裁法：适当减少菜式的数目，其实只要让客人吃饱，客人不会过于介意菜式的数量。

2. 可以和酒店商量，自己购买酒水。争取免收酒水的开瓶费，自备香烟、瓜子、糖果给早到宾客享用，也可以省下不少银子。

教你如何选择婚宴酒店

一、先决定婚宴特色

新人应该先想清楚自己期望什么样的婚宴，再决定地点就容易多了。

你想要怎样的喜宴？是气氛好，还是菜色佳，还是经济实惠。如果只在乎"曾经拥有"的那一晚浪漫，不妨选择灯光美、气氛佳的五星级酒店，距离浪漫的梦想就更进一步了。

选择酒店的过程中，可以计算一下成本和回收。虽然有点现实，但是这就是普通人婚姻生活的真实一面，不是吗？

二、选择经济实惠有口碑的餐厅

餐厅虽然在环境和气氛上无法与酒店相比，但同样的菜量和材料，价格少三至四成，饮料和酒水的价格也是酒店的一半，豪华的装修和气氛是需要抛撒大量银子的。

而且，餐厅可以凭借毫不铺张的费用，以菜色取胜，一个可以在餐厅吃到鱼翅、鲍鱼、赤参或石斑、龙虾等活海鲜的价格，在酒店只能买到普通的菜色。让婚宴宾客享用这样一顿高质量的丰盛美肴，也很体面噢，而且宾主尽欢。

三、实地了解掌握细节

在初步确定了婚宴的预算目标后，如果时间充裕，新人最好多到几家酒店酒楼实地考察一下。另外，提早订席，可以增加自己议价的筹码，是省钱的不二法门。新人和有关人员详谈时，不要忘记掌握上面几条原则，每个细节都不要放过。决定场地日期之后，签署一份正式的合约，并付订金。

四、西式婚宴

为顾及所有参加宾客的口味习惯，一般婚宴仍多以中式菜类为主。不过一些年轻的新人向往西式干净、优雅的宴会方式，选择在酒店举行西式婚宴，可以让参加的宾客体验不同的感受，根据你们的朋友圈来决定吧。

五、多利用婚宴的附送

现在很多酒店的婚宴都会有项目繁多的赠送服务，让新人得到与结婚相关的其他优惠。如提供主桌银器，餐具布置，新人结婚周年庆赠送精致套餐，还与婚纱摄影公司合作提供优惠的价格。针对这些赠送，新人们除了享用，也要注意某些事项。

1．酒店的喜宴多半会附送新人结婚当晚的住宿房间，要先询问好房间的等级和情况。

2．询问清楚免费附送的酒水，是全程免费，还是只有部分免费。

3．如果婚宴套装还包括当日豪华花车的接送，最好先确认花车全程接送的时间，和接送的地区范围，公里数，是否有其他费用必须自付，因为多半的花车并非由饭店直接管理，而是酒店与租车公司合作提供的服务。

4．场地有时间限制吗？一般酒店餐厅提供的婚宴场地有时间限制，如果超过时间的话，场地费用需另计。所以，如果新人在宴会后要安排其他节目，可先与酒店沟通。

5．谈判完成，务必要下合约。很多新人曾和酒店在喜宴当天发生不愉快，因此事前要了解以上这些细节，并将其列明于单据中，白纸黑字存证。

六、预定的桌数能更改吗

先问清楚桌数在婚宴多久前可以调整，以免发生浪费或超员的情况。

有些饭店餐厅订有弹性桌数，一般为1成，比如：订席30桌，则婚宴当天必须至少开27桌，如果开25桌，则新人仍需付27桌的钱。部分场地则没有弹性桌数，而是将差额的桌数菜量，平均分配增加到各桌。新人应先了解清楚，以避免结帐时引发纠纷。

你适合哪种类型的婚礼司仪

婚礼仪式一般都有主持人，也称"司仪"，如果将司仪的风格归一下类，可分为这样几种：综合实力型、女中豪杰型、创作才子型、偶像搞怪型。四种婚礼司仪哪种更适合你呢？

一、综合实力型

"懒"新人和"多"宾客的必选。

特点：

1. 经验丰富，一般拥有500～1000场以上的现场经验。

2. 眼观六路，耳听八方，及时分析现场回馈，现场掌控能力极佳。

3. 衣着中规中矩，形象不抢眼也不落伍，但一眼就能看出"司仪"的标签。

4. 声音很有磁性，即兴发挥水平较高。咬文嚼字的能力与打趣的水平一样高。

5. 手势不多，但常能在关键时刻发挥作用。"压"得住台，席数再多也能"压"住全场。

从整体实力来看，这一类司仪无庸质疑是元老级的人物，对婚礼流程非常熟悉，又具有很高的策划能力，加之团队的配合，他们的每一次"作战"都如一艘航空母舰出发。所以对新人来说，如果想省去婚庆公司的策划，这一类型的司仪应是不错的选择，尤其是那些或懒惰或没有太多闲暇时间去看场地、过场的新人，很难把握住小细节，这一类司仪的优势就充分显现出来了。如果婚宴席数较多，选择这类司仪也是最为保险的，因为他们经验够丰富，可以应对各种场合，能全方位地照顾到各种宾客的"口味"。

提示：好司仪，要早请。

1. 这一类型的司仪预订十分困难，档期紧张的，甚至排到了一年半后，如果是"吉日"，更是撞车率极高。一般要提前一年预订。

2. 价格也是这类司仪的另一特点，价格高，且越来越高。所以，下手要快。

二、女中豪杰型

女儿心她最懂。

特点：

1. 经验丰富，对现场信息反馈把握准确，现场掌控能力佳。

2. 无论漂不漂亮，但一定精干、亲切，声线温柔。

3. 语言风格浪漫温柔，能触及在场宾客心中最柔软的部分。

4. 不爱裙装爱裤装，更方便现场主持，为新人忙上忙下。

女司仪的特点在细心、体贴、周到，常常会花更多时间与新人交流、沟通，了解新人之想，并不厌其烦地一遍一遍与新人过场，甚至连每一个走位，为摄影摄像留出的角度、背景都考虑周到，事后拍出的照片效果也更好。

女司仪也更容易做出温暖、浪漫的现场感，女性身份使她更了解新娘对婚姻的憧憬与向往，知道她们要什么感觉，并能将这些融入到婚礼策划中，让现场备感温馨浪漫，往往令新娘异常满意，帮她们成就一个梦中的婚礼。女司仪是对婚礼充满幻想的新娘的不二之选。

提示：选女司仪，感觉很重要。

挑选女司仪，从第一次交谈中就应该揣摩一下对方的口味、爱好、兴趣，所谓"志不同，不相为谋"，司仪也是，如果双方生活相距太远，肯定摩擦不出什么共同的火花，女司仪的优点也就发挥不出来了。

三、创作才子型

高性价比的创作型司仪。

特点：

1. 现场掌控能力佳。

2. 声音富有磁性，音色好，让人印象深刻，发音标准。

3. 语言知性而具有感染力，能够按照场上来宾情况调整语言风格。用一些手势与表情来增加感染力。

4. 勤勉好学，事先沟通积极认真。

目前，越来越多的司仪往策划方向进军，策划也成为一个成功司仪不可或缺的能力之一。而此类创作才子型司仪，其策划的与众不同处就在于肯花心思，整体效果好，而不是简单借鉴抄袭。

有所缺憾的是，这类的司仪的主持经验尚缺，名气不够响亮，不为新人所知，也没有独立成熟的团队与之配合。但相信，假以时日，这些司仪必是明日的圈内之星。所以，对于目前阶段而言，这类司仪似乎"价廉物美"的最佳选择。对于预算有限又希望得到全方位策划服务的新人而言，这类司仪的性价比是最高的。

提示：创造+现实才可行

挑选这一类的司仪，要充分与其沟通，将你所想象中的婚礼完整地告诉他，并把你的要求一一罗列，而不是任凭他们天马行空的想象带着你的思路不着边际地漫游。

此外，事先排演也非常重要。他们的策划能力一流，他们的主持能力也相当不错，但就是缺在临场经验上。想来谁也不会让自己的婚礼"冒险"，那么不妨多排演几遍，多串几遍词，把

可能发生的意外都尽量提前"化解"，那么完美婚礼就近在咫尺了。

四、偶像搞怪型

有他在，永远不会冷场。

特点：

1．打扮出位，个人特色明显。

2．声音有特色，让人印象深刻，掌握多种语言与方言，善于调节气氛。

3．经验丰富，对现场信息反馈把握准确，现场掌控能力强。

4．语言感性而具有张力，能带动现场宾客参加节目的积极性，会多种技能，如歌唱、小品等，自成一台戏，绝不会冷场。

5．满场飞，随时出现在宴会的各个角落，神出鬼没。

这类型中的司仪要么语言幽默，肢体动作丰富，很能调节气氛，还能满台"飞"，现场气氛活跃之至；要么个人特色十分明显，让人过目不忘，宾客容易对其留下非常深刻的印象。

建议年轻人多的婚礼可以采用，如果现场来宾普遍较年长的，这一类司仪的优势可能就不能完全发挥出来。

另外非常注重个人"主角感"的新人要慎用，因为太过闪耀的司仪可能让你们觉得自己"show"得不够多！

提示：先参考长辈的意见。

婚礼毕竟很大一部分是呈现给到场来宾的，选择非常有个性的司仪，朋友的意见很重要，但大多情况下，朋友的年龄、喜好总是和自己相仿的，所以最好能先和长辈商量一下，听听他们是否能接受这类风格的司仪，毕竟，婚礼当天到场的很多宾客，都是比自己年长的人。

如果长辈也认同你的司仪。请他们再一起参考一下婚礼流程吧，不该说什么，禁忌什么，都请长辈提示一下。事先与司仪沟通好，省得婚礼时出现不可以避免的瑕疵。

怎样订制婚礼蛋糕

在国外，量身订制婚礼主题蛋糕早已是很多新人结婚准备流程中的必选项，将自己的恋爱史、求婚故事、兴趣喜好巧妙融合进主题蛋糕中，或是配合婚礼风格打造甜蜜蛋糕，都是定制的热门潮流。我国也悄然吹起了结婚蛋糕定制风，精致可人、造型多样的婚礼蛋糕俨然成为婚礼的新宠。"在你的婚礼上呈现一只什么样的结婚蛋糕——这可不是一件小事，而是向你们所有的亲朋好友分享你们的品味、激情、梦想和故事。"

被奶油、鲜花、水果、巧克力点缀包裹的婚礼蛋糕在见证坚贞爱情的同时，亦给视觉带来至高的享受，给味蕾充满香浓的甜蜜，为新人送去古老的祝福，完美婚礼怎能缺少如此重要的细节？

一、怎样挑选婚礼蛋糕

婚礼蛋糕的样式没有太多既定的限制，完全取决于新人的个人喜好。一般订制婚礼蛋糕的流程中需要注意的事项有：

1. 造型选择

首先根据自己的婚礼主题、恋爱故事、个性喜好确定婚礼蛋糕的造型、色彩，融入自己的创意理念。

蛋糕造型可以多种多样，不怕做不到，就怕想不到。可选择两人第一次见面的滑雪场、电影院、校园建筑等作为蛋糕主体。也可以再现情定今生的求婚场景，或用新人的姓名组合打造蛋糕细节。

为了向蛋糕师准确说明你想订制蛋糕的样子，最好带上自己的设计图，或请蛋糕师根据你的描述绘制草图，或带上杂志中的照片或图样，如果有复杂图案的蛋糕要尽早订制和沟通。

2. 考虑天气因素

在一年当中，并非所有蛋糕都能随时制作。

在温度较高的梅雨季节或炎热的夏季，蛋糕容易融化，大多数蛋糕店都不接受预定。如果是户外婚礼且温度较高，注意尽量避免使用生奶油、蛋糖霜以及冰淇淋为原料，应和蛋糕师及时沟通，以植物油制的起酥油代替纯奶油加到糖衣上，增加蛋糕的抗热能力，或选择用软糖料制作的蛋糕，这类蛋糕甚至不需要冷冻保存。

3．味道品尝

在确定蛋糕师前，品尝其作品，不能被其宣传和名气迷惑。蛋糕的味道和其美学价值一样重要。

4．蛋糕价格

要明确预算，与蛋糕店尽早敲定规格、配料等，并且要详细说明会场的大小、气氛、宾客的人数。考虑到地域差异和品牌差异，婚礼蛋糕的价格可能差别很大，新人可以根据自己的预算货比三家。

二、婚礼上怎样切蛋糕

一般说来，蛋糕从几层开始切没什么讲究，应该切几刀也没什么讲究，它只是个形式。就像剪彩仪式，可由一个领导或代表剪一刀也可由几个领导或代表同时剪若干刀。

1．一般由新人合力切第一刀，然后由婚礼天使分切成若干块再分发给大家。先分给贵宾和主要嘉宾，然后是所有来宾。

2．如果蛋糕是多层的，应先分底层，再中层。也可以选第二层开始切，因为一般蛋糕的第二层与来宾的视角形成最佳结合点。

3．如果蛋糕是圆的，应先切成几个同心圆，然后再把每个圆切成小块。

4．有些高雅豪华的婚礼，宾客人数多，现场较大的情况下可以使用模型蛋糕，加上干冰的烟雾效果，可以显出婚礼气派。这种蛋糕最下面一层的一部分是真正的鲜奶蛋糕，切蛋糕时也是切那份真正的蛋糕。

5．另外，父母结婚时多半没有切过蛋糕，不如邀请他们一起切吧！

怎样选择婚宴喜糖

挑选喜糖一般有这样几个步骤，供新人们参考。

1. 确定酒席的风格，根据不同的风格来挑选喜糖的风格（包括喜糖的样式及颜色）。

2. 不确定预算，现代的喜糖代表了婚礼的一种回礼，在礼金越来越重的现在，回礼的选择也尤其重要。根据不同的预算来挑选喜糖的档次和包装。

3. 购买喜糖。一般提前半个月适宜。

4. 喜糖发放的几种形式。

（1）传统方式。在酒席上撒放糖果，适合纯中式婚礼，预算较低。

（2）中西结合方式。采用新式喜糖包装（有含糖的，也有不含糖的包装），适合中西结合的婚礼，预算中等偏高。

（3）纯西式婚礼。每人一份的喜糖回礼及配套相应的席位卡、餐卡等，适合纯西式婚礼，预算较高。

怎样安排婚宴座次

除了让宾客们吃到美味的大餐，还要让他们有个舒适的位置！婚宴中的座位安排切不可马虎，因为只有新人最了解宾客们和自己的关系，需要你们全程参与才行。座位的安排其实也不难，只要依照来宾的身份，做到长幼有序、照顾贵宾，就可以了。最好请餐饮部门提供桌位图，并为每桌编号，能照顾好方方面面：

1. 父母、亲戚座位安排：新人双方父母应有单独的席位，即主桌，通常安排在主席台的正前方。父母的长辈、姐妹兄弟可安排在同桌或同区域邻桌。

2. 同事、朋友、业务伙伴座位安排：安排在宴会区中段。熟识的尽量安排同桌，不熟识的则需每桌安插一位熟络的好友及时照顾。

3. 同学、好友座位安排：新人的同学及好友大多是新人的死党，不必刻意招呼，可安排在宴客区的外围，既让他们自得其乐，也避免因闹酒而影响整个婚礼的进程。

婚礼现场要注意哪些礼仪

婚礼现场是个大舞台，婚礼则是新人们一生一次的最靓丽展现。众目之下的新娘新郎，婚纱和礼服的华贵迷人固然重要，得体大方的言行举止更是成败的关键。

现在年轻人大多数已经不太重视婚礼当天的礼数了，但是这方面又是长辈们特别看重的。虽然我们不太拘泥于以往的繁文缛节，但基本的礼仪还是略知一二为好。如果平时修养够好，以下礼节是很自然地事情，如果自己平时是个不太注意细节的人，当你一下改变了，会给父母和朋友们一个惊喜噢，结婚真好，你们长大了，变得懂事了。先从新郎新娘的举止仪态说起。

一、迎宾时需要注意什么

迎宾时，新人需要注意自己的站姿，挺胸站立，面带微笑。新娘可以一手挽着新郎，一手拿着捧花，也可以双手拿着捧花。

如果遇碰到不认识的来宾，保持微笑，鞠一躬，适当地寒暄几句，如"感谢您的光临""希望您今天过得愉快"等。

二、父亲怎样牵引新娘入场

比较正规的入场仪式是：先由司仪介绍新郎先行入场，新郎走到红地毯的一半时，止步，面向正门；接着司仪再介绍新娘入场，这时新娘挽着父亲入场；然后司仪再衔接台词，父亲把女儿的手交给新郎，新人向父亲谢礼；新人转身，两人一起走向舞台。

三、答谢来宾时怎样鞠躬

鞠躬时背一定要挺直注意角度，腰部以上部位往前倾大约15度左右，不能敷衍了事。鞠躬的时候，注意鞠躬的时候不要抬眼看人，这样会有不礼貌之嫌。新郎鞠躬深一些为好，新娘可以浅一些，防止走光。

四、感恩环节要周到细致

"感恩"顾名思义是感谢父母的养育之恩，因此，首先新人必须亲自走下舞台请上双方父母。在进行一系列的讲话、送礼后，亲人必须恭送父母走下舞台，此时，新人应该先下台，然后伸手搀扶双方父母回到原位。

五、哪类人比较适合做伴娘

选择伴娘首先要选择与自己关系比较密切的未婚女孩。其次在性格上要比较外向，不能过于腼腆。第三，细心也是考虑伴娘的因素。因为婚礼当天伴娘就是新娘的代言，包括招呼客人、帮新娘提携随身物品，甚至是礼金等，因此找一个心细的伴娘尤为重要。

六、怎么送红包给小辈

作为以前的礼数，新人在当天碰到自己的小辈都应该发放红包作为喜钱。红包其实也不需要包很多钱，礼数到了就可以，20元、30元略表心意即可。

七、穿婚纱怎样走步

有衬裙的婚纱：行走时两脚分开两拳宽的距离，像小鸭子一样脚尖轻轻往上踢，要感觉能将裙摆边轻轻踢起。

无衬裙的婚纱：一字步沿一条直线行走，两膝互相吸引。落地的脚感觉像在直线上轻轻滑动、以脚尖着地。注意迈步的节奏感。

八、如何练就迷人的微笑

不妨在婚前来个小训练，将筷子或者发簪含在嘴里，用牙齿轻咬住，嘴角微微上挑，露齿微笑。在这样坚持一段时间后，可以迅速将筷子抽离，反复训练就能练就迷人笑容了。

九、怎样接待好长辈和领导

长辈和领导需要特别的指引和照顾，这些工作主要由新人来做，新人最后要记得和他们合影。新人的父母可以帮助照顾家族中的重要亲友，其他的工作就交由伴郎、伴娘及其他亲朋来做吧。婚礼当天负责引宾的人员最好有3~4位，分别由亲戚、好友、同学和同事中的一位组成。这样一来，无论遇到哪方的宾客，都能迅速认出他们并引领他们入席。

十、敬酒时的礼仪

事先与双方家长商量好敬酒时的先后顺序，在通常情况下，敬酒的顺序依次是：新郎领导、新娘领导、双方父母、新郎亲戚、新娘亲戚、新郎朋友、新娘朋友……但是在敬酒的时候也要注意到，把爱闹的"钉子户"们留到最后再敬。桌数多的情况下可以分批敬酒，将婚礼节目与敬酒穿插开来。

敬酒时面带微笑，单手举杯。如果当时正在拍照，别让酒杯遮挡住脸，照片才会更完美。

十一、两位新人应怎样配合

1. 新娘和新郎的站立方位

在走红地毯的时候，新郎应该站在左边，新娘应该站在右边挽着新郎。当走上舞台，转身面对来宾时，新郎应该站在右手方位，而新娘应该站在左手方位。

2. 新娘捧花姿势

捧花应放置在肚脐的位置。握花的手掌弯曲感觉像握一个拳头般大小的物体去握捧花。对于不同形状的捧花也有不同的握法，千万不要像拿了个火炬进场一样。

3. 新郎新娘步伐配合

新郎新娘挽手步入礼堂时，要抬头挺胸、大方得体，迈出脚步的顺序和节奏要一致，新郎身位要比新娘稍稍靠前15~20厘米。

4. 新郎新娘站姿

新郎新娘挽手站立时，两人微微成八字形向内靠拢。新娘两脚站成丁字步，新郎可以开脚开立，挺胸压肩，目视正前方15米处。

5. 新郎新娘挽手姿势

新郎手轻轻握拳，放置于肚脐的位置。新娘手轻轻挽住新郎手肘处，注意中途不要松弛改变姿势。

6. 新郎新娘坐姿

上身挺直，椅子坐一半。新郎正面分腿而坐，新娘以站时的丁字步坐下，双膝并拢微微侧向新郎一边，上半身正面朝前，略微扭腰，这样会显得更苗条。

7. 亲吻

婚礼上的接吻仪式是神圣的和礼节性的，因此既不用表现得太扭捏，也不要太过激情，要掌握好尺度。

8. 交换结婚戒指

交换结婚戒指时双方将手伸在对方腰部左右，由新郎将婚戒戴在新娘的手上，一般戴在左手无名指上。

9. 切蛋糕仪式

两个人四只手同时握住蛋糕刀，面带微笑，慢慢入刀，合力切出第一刀，接下来就可以随意了（在本章"怎样订制婚礼蛋糕"一节中有切蛋糕的介绍）。

十二、夏天结婚的注意事项

新娘首先要注意妆容不要被汗水化开，就要提前制订应对策略。婚礼当天如果出汗较多，就需要补几次妆，请一位闺蜜帮你吧。也给新郎准备一瓶香水，以防出汗过多产生异味。

伴娘、伴郎需要做什么

伴郎伴娘是婚礼上较为重要的工作人员，他们应该是新人最值得信赖的朋友，应该挑选关系密切的密友和死党作为自己的伴郎和伴娘。通常，新娘可请一个女伴作伴娘；也可以请6~12位女友或姐妹，其中有一位是主伴娘，另外几位为"伴嫁"或"女傧相"。伴郎可是一位，也可以是一位主伴郎和数位"男傧相"。通常，伴郎人数应当与伴娘相等。

伴郎伴娘是新人的陪伴和代表，除了在迎亲和闹洞房时，伴郎与伴娘的任务略有差别，大部分时间里，他们都需要完成以下两大使命：

使命一：贴身管家

1. 不离新人左右，随时陪伴新人。尤其当新人在舞台上时，伴郎伴娘必须在舞台一侧候场。

2. 时刻关注新人形象，及时解决服饰上出现的小问题，比如帮新人简单地整理西装下摆、婚纱和礼服的裙摆以及头纱，必要时召唤化妆师支援。伴娘还要及时帮助新娘更换礼服和头饰等。

3. 密切关注新人的需要。伴郎伴娘最重要是要有"眼色"：开车门是伴郎的工作；接新人手上的东西，帮他们腾出手来保持良好的仪态；新人口渴时，递上水；看到新人热泪盈眶时，及时递上纸巾。婚礼中许多新人因为忙碌或是激动会忘记休息和饥渴，伴郎伴娘一定记得提醒他们。

4．熟悉新人的随身物品和工作人员安排，以便能更好地帮新人协调和分担。伴娘尤其要熟识新娘礼服所需搭配的鞋子、内衣和饰物，并妥当保管。

5．伴郎和伴娘在婚礼当天传递着新人的声音。不要迟疑，要及时找到相关的工作人员，帮新人把意愿传达给他们，让专业人士来为新人提供服务，切忌擅自做主。

6．合格的伴娘伴郎还要起到疏导和安抚新人紧张情绪的作用。

使命二：新人代表

1．迎亲时：伴娘要想尽办法不要让新郎轻易将新娘娶走。要多揣摩一下新娘的想法，尽量让新娘享受迎娶的喜悦和荣耀。伴郎则要替新郎与伴娘等姐妹团"交战"，帮助新郎圆场以顺利娶得美人归。

2．迎宾时：伴娘的任务是接应新人和关注新人仪容，伴郎和男傧相们则需担当大部分的接待和引导工作。

3．宴席中：当有人出了难题，而新娘略显为难时，伴娘要挺身而出，伴郎帮新郎挡酒是责任所在，更不能推搪。

4．烛光中：为新人点上蜡烛，并跟随在新人身后。

5．仪式中：迎送证婚人，和新人一起迎送双方家长。

6．闹洞房：伴郎要带领宾客闹开头（洞房闹得有趣，新人也会更有面子），如果闹不起来，伴郎就要带头主持，闹开之后就要把握尺度，最后还要知趣地为新人送客。伴娘闹不闹随自己，只是千万别忘了察言观色，必要时要站出来替新娘挡挡驾，或是想办法转移大家视线和注意力。

使命三：财务官

1. 有时伴娘会担当保管红包的责任，要预先准备精致但够大的手袋，记得在仪式开始前交给新人指定的财务主管或是新人父母，请他们保管好。

2. 伴郎有时要替新人保管戒指。

3. 捧戒枕的任务一般由伴娘担当，一定要随时注意自己的位置，利于新人留影。及时接过新娘的捧花和脱下来的手套。如果是花童捧戒枕，伴娘要好好照顾他（她）。

4. 有的婚礼上，伴郎还要向新郎新娘致祝酒辞，对自己演讲才能不够自信的伴郎要提前练习一下。

伴娘伴郎的着装

伴郎着装以相对正式的西装或礼服为佳，如果众多伴郎采取统一着装（比如中式上衣），则会有特别的戏剧效果。伴娘最好着小礼服，既要靓丽、与众不同，也要衬托新娘；当然一定要方便行动，不要让礼服分散了注意力，毕竟主要工作还是照顾新娘。伴娘伴郎的服饰应该和婚礼的主色调相一致。

婚礼致辞参考

婚礼庆典是一个神圣而又热情洋溢的典礼，除了有华丽的现场布置、宴席上可口的菜肴，还要有妥当贴切的言语、真情的告白，才能打动来宾的心，让每一位来宾都能感受到当天的喜悦，也许还能领悟一番生命的意义。以下是一些典型的致辞，可供参加婚礼时参考。

一、结婚祝词

1. 愿天下有情人终成眷属，喜结良缘。

2. 新婚大喜！百年好合！

3．你们原本就是天生一对，地造一双，而今共偕连理，今后更需彼此宽容、互相照顾，祝福你们！

4．愿你俩用爱去缠绕对方，彼此互相体谅和关怀，共同分享今后的苦与乐。敬祝百年好合、永结同心。

5．珍惜这爱情，如珍惜这宝藏，轻轻地走进这情感的圣殿，去感受每一刻美妙时光。

6．白首齐眉鸳鸯比翼，青阳启瑞桃李同心。

7．两情相悦的最高境界是相对两无厌，祝福一对新人真心相爱，相约永久。恭贺新婚之禧！

8．今天是你们喜结良缘的日子，我代表我家人祝贺你们，祝你俩幸福美满，永寿偕老！

9．灯下一对幸福侣，洞房两朵爱情花。金屋笙歌偕彩凤，洞房花烛喜乘龙。

10．恭喜你们步入爱的殿堂。祝百年好合！

11．相亲相爱幸福永，同德同心幸福长。愿你俩情比海深！

12．祝你们永远相爱，携手共度美丽人生。

13．真诚的结合是爱情最美好的归宿，祝福你们！

14．愿爱洋溢在你甜蜜的生活中，让以后的每一个日子，都像今日这般灿烂、喜悦！

15．于茫茫人海中找到她，分明是千年前的一段缘，祝你俩幸福美满，共偕连理。

16．恭喜你找到共度一生的灵魂伴侣，婚姻是人生大事，相信你作出的是最明智的决定。

17．洞房花烛交颈鸳鸯双得意，夫妻恩爱和鸣凤鸾两多情！

18．伸出爱的手，接往盈盈的祝福，让幸福绽放灿烂的花朵，迎向你们未来的日子。祝新婚愉快。

19．新婚快乐，永结同心，甜甜蜜蜜，夫妻恩恩爱爱到永远！

20．托清风捎去衷心的祝福，让流云奉上真挚的情意；今天，空气里都充满了醉人的甜蜜。谨祝我最亲爱的朋友，从今后，爱河永浴！

二、结婚誓言

1．爱情很简单，因为每个人都会说："我爱你，会为你付出一切！"爱情很难，因为没有多少人做到了他的承诺。今天，我不会说为了心爱的人会怎么怎么样。我只能通过自己的行动使你愿意和我步入婚礼的殿堂。

2．请在座的各位见证，也请你相信，我会珍惜我们的爱情。今天，你将是我的新娘了，我只想说：我爱你，永远。

3．不求精美的衣食，不求奢华的生活，只愿我们相爱到永远，快乐开心每一天。今天，我要嫁给你了，我想告诉你，我也永远爱你。

4．不需言语，让我用行动告诉你，什么叫爱。

5．当我第一眼看到你的时候就知道你是我今生的唯一。

6．地球仍然在转，世界依旧善变，而我爱你永远。

7．海可以枯，石可以烂，我对你的爱，永不会变。

8．好想从现在开始抱着你，紧紧地抱着你，一直走到上帝面前。

9．今生今世永远爱你。

10．就让我永远爱你吧！

11．这一生我只牵你的手，因为今生有你早已足够。

12．你的话已经锁在我的记忆里了，那钥匙你就替我保管一辈子吧。

13．不论天涯海角，只要你需要我的时候，我就会"飞"回你的身边。

14．遇上你是我的缘，请将你的下半生交给我。

15．我只想跟你在一起，不求富贵，只求简单安全，平平淡淡。

16．不管今世也好来世也好，我所要的只有你。

三、来宾致辞

1．主持人致辞

主持人在宣布婚礼开始后，首先要讲一段话。其中包括介绍新人及新人的父母、亲友等，示例如下。

各位来宾、各位女士、各位先生：

今天，我受新郎、新娘的重托，担任XX先生和XX小姐的结婚典礼主持人。

在这神圣而又庄严的结婚典礼上，能为这对郎才女貌、佳偶天成的新人婚礼做主持，我感到十分荣幸和骄傲。

各位来宾，新郎今年28岁，在外企从事营销工作，担任部门经理。

新郎不仅外表长得英俊潇洒，更重要的是他忠厚诚实、尊老爱幼、心地善良。他工作上大胆开拓，不辞辛劳，成绩突出，是一位有抱负、有才华的好青年。

新娘今年26岁，从事会计工作。

新娘不仅长得漂亮可爱，而且具有东方女性的内在美；不仅温柔体贴，而且勤奋好学、品质高尚、心灵纯洁；不仅能当家理财，而且手巧能干，是一位可爱的好姑娘。

心有灵犀一点通。他们的结合是建立在爱情的基础之上的，一定会结出更加甜蜜的果实。

2. 父母致辞

在婚礼上，父母的言辞既有舐犊之情的真诚流露，又有对子女未来的祝愿和期望，同时也有对来宾的感谢之意。

（1）新郎父亲或母亲致辞

两位亲家、尊敬的各位来宾：

今天是两个孩子结婚的日子，我和我的太太（先生）心中无比激动。我们的儿子，有幸认识了你们的千金，他们两人经过了相识、相知、相恋的过程，今天终于走到了一起，我们由衷地为他们俩感到高兴。作为父母，从看着儿子呱呱坠地，到今天建立自己的家庭，我们喜悦的心情难以表达。

在与你们的女儿的接触中，我们也同样感到，她是一位心地善良、性情温柔的好孩子，是人生旅途上的忠诚伴侣。他们俩未来的道路还很长，希望他们用一生的努力，一心一意、忠贞不渝地爱护对方。

最后，我们对各位来宾的光临表示由衷的感谢！

（2）新娘的父亲或母亲致辞

两位亲家、各位来宾：

首先，我代表我的太太（先生）和我本人向各位来宾表示感谢。

今天是他们俩结婚的日子。此时此刻，我们的心情既高兴又有些恋恋不舍。我的女儿从小就是一个听话、懂事的孩子，她给我们的生活带来欢乐。如今，她就要出嫁了，我们还真是有点舍不得。同时，我们也感到十分欣慰，因为你们的儿子也是一个优秀的孩子，我们的女儿能找到这样一个关心她、爱护她的伴侣，我们也就放心了。我们相信他们一定能够心心相印，创造幸福。我们老两口不是少了一个女儿，而是多了一个儿子。

最后，祝新人们婚姻地久天长，永远美好！结婚之后常回家看看！

3. 证婚人致辞

新人家长、各位来宾：

今天，我受两位新人以及双方家长的重托，担任婚礼的证婚人，我感到十分荣幸！

从今天起，你们将开始两人世界，衷心地祝福你们。对于你们来说，这是一个全新的世界，婚姻生活并不总是风平浪静、一帆风顺的，彼此间的新鲜感也会逐渐淡化。我希望你们永远把对方当做恋人，当做朋友，牢记此时此刻许下的承诺，钟爱一生，幸福美满。

希望你们婚后孝敬老人，互敬互爱，工作上互相帮助，生活中互相体贴，白头偕老。

4. 介绍人致辞

新郎、新娘及各位来宾：

今天是新郎新娘喜结良缘、百年好合的大喜日子。作为他们两人的介绍人，看到今天的场面，我十分高兴。新郎是个有理想、有抱负的好青年；新娘又是个性情温柔、善解人意的好姑娘。他们能走到一起，是有共同的理想作基础的。我相信，他们今后的日子也一定会是美满幸福的。他们的家庭将是一个和睦的、充满爱心的家庭。

5. 单位领导或同事代表致辞

新郎、新娘及各位来宾：

作为新人的同事，今天我有幸参加他的婚礼，感到十分高兴。在他的大喜日子里，我代表公司领导及全体同仁，向新人们送上我们最深切的祝福。希望你们互帮互敬，工作上有新的成就，家庭生活幸福美满。

6. 来宾致辞

新郎、新娘、证婚人及各位来宾：

能够看到一对有情人终成眷属，是一件非常愉快的事。你们两个人能够在茫茫人海中找到对方，相知相爱，结为伴侣，实在是非常有缘。望着你们幸福、甜蜜的脸庞，我真诚地祝愿你们在婚后的道路上能永远像今天这样，珍惜对方、爱护对方。

四、司仪主持词

1. 尊敬的女士们，先生们，各位来宾朋友们大家好！（掌声）很高兴大家来参加××先生和××小姐的结婚典礼。

首先我代表二位新人向各位的到来表示衷心的感谢！（掌声）今天是××年×月×日，今天，世界上两个最幸福的人将携手走进婚姻的殿堂，开始他们的幸福生活，让我们用热烈的掌声欢迎他们的到来吧！有请新郎××新娘××入场！（开始播放"结婚进行曲"）

2.（结婚进行曲播放中）在这优美、浪漫的婚礼进行曲的伴奏下，在这个幸福的时刻，我们面前的这对新人，他们心贴着心、手牵着手，面带着微笑向我们款步走来。这预示着他们幸福生活的开始。

朋友们，让我们以衷心的祝福，为他们欢呼，为他们喝彩，为了他们完美的结合，而热烈鼓掌，祝福他们拥有美好的未来！（有请新郎新娘上台）

3. 今天英俊潇洒的新郎和美丽漂亮的新娘终于再次牵手了。今天来参加他们婚礼的人非常多，可以说是高朋满座，各位的到来给他们的婚礼带来了欢乐祥和，感谢所有的来宾们！下面为大家介绍一下今天的主要来宾。（介绍双方的父母、重要亲友、证婚人、双方领导）下面请新郎新娘感谢来宾的到来。

4. 新郎新娘。现在我代表在座的各位亲朋好友问你们一个问题。

××先生，您愿意娶您身边这位××小姐为妻吗？无论富贵贫贱，直到永远吗？（愿意）（掌声）

请问××小姐，您愿意嫁给在身边这位××先生吗？无论富贵贫贱，直到永远吗？（愿意）（掌声）

那么，好让我们祝他们一生平安，前程灿烂，白头偕老。（掌声）

5. 各位亲朋好友，站在你们面前的这对新人，他们从相知相恋，到今天的喜结良缘，成为合法的夫妻，可以说是天赐良缘。合法的夫妻需要有法律的保护，下面有请证婚人为他们颁发具有法律效力的证书。（证婚人上场宣读证书）

6. 下面新人将向双方父母献上深深的感恩礼，敬茶并改口。有请双方父母上台！（双方父母上台）新人感谢父母：一鞠躬，感谢父母的养育之恩；二鞠躬，祝双方父母健康长寿；三鞠躬，向双父母敬茶并改口。请双方父母给我们的新人和来宾讲几句话。（合影）

7. 下面两位新人互相行礼。一生一世一往情深，一鞠躬；心心相印恩恩爱爱，二鞠躬；三生有幸来宾作证，三鞠躬。（掌声）

8. 接下来两位新人将互送新婚的信物并喝下新婚的美酒，美酒将预祝他们今后的生活幸福美满。（新人喝交杯酒）

9. 下面新人向亲朋好友致谢礼。在这对恋人的生活和工作中，在座的亲朋好友、同学、同事、领导都给予过他们极大的帮助，在此他们将献上深深的致谢礼。

一鞠躬，感谢同学同事的关心；二鞠躬，感谢亲朋好友的关心；三鞠躬，祝大家身体健康，万事如意。

10. 下面我们的新人将给大家带来一个更温馨的时刻。他们将点燃新婚的生活，爱情的烛光。（放抒情的音乐）朋友们，这烛光充满了温馨，充满了爱，更充满了光明，今天××先生和××小姐在我们面前携手点燃了这新婚的圣火，愿他们今后的生活像这燃烧的烛光一样光明温馨，朋友们，让我们用热烈的掌声祝福他们吧！

11. 在来宾朋友们这美好的祝福和热烈的掌声中，我宣布××先生与××小姐的结婚典到此礼成！

12. 今天××先生和××小姐的婚礼是热烈圆满的，在此我代表新人向大家再一次的表示感谢！下面请大家尽情的享用这幸福的盛宴吧。

怎样选择婚礼音乐

婚礼仪式是结婚中最重要的一个环节，也是最出彩的部分，婚礼上音乐运用得好可以增加婚礼现场的气氛，婚礼的每个环节如果有贴切的音乐相呼应，更能突出新人们想要传达的意义——温馨的、感人的、热情的，想要什么效果你就自己来DIY吧！这里为大家提供一些比较经典的备选歌曲，挑选适合你们的吧！

新人入场背景音乐推荐

婚礼进行曲（正统版）

婚礼进行曲（钢琴版）

婚礼进行曲（小提琴版）

婚礼进行曲（门德尔松）

婚礼进行曲（瓦格纳）

婚礼进行曲（刘德华）

Air on the G String

Only Time

证婚人致辞背景音乐推荐

给你们（张宇）

约定（周蕙）

今天你要嫁给我（陶喆）

爱情证书（孙燕姿）

世界最美的风景（5566组合）

出嫁（张清芳）

至少还有你（林忆莲）

明天我要嫁给你（周华健）

新人宣誓背景音乐推荐

爱情宣言（齐秦）

就是爱你（陶喆）

我愿意

唯一（王力宏）

甜蜜约定

I Believe

Love Will Keep Us Alive

Because of You

I do Cherish You

I Swear

Perfect Moment

Say yes

交换信物背景音乐推荐

水晶（徐怀钰、任贤齐）

恒星（许茹云、苏永康）

甜蜜蜜（邓丽君）

戴上我的爱（潘玮柏）

幸福谣（满文军）

爱你等于爱自己（王力宏）

选择（林子祥 叶倩文）

Everything I do

Sweet Dream

Beauty and the Beast

接吻和交杯酒背景音乐推荐

月亮代表我的心（邓丽君）

你最珍贵（张学友）

幸福的瞬间（许绍洋）

最浪漫的事（赵咏华）

你是我老婆（任贤齐）

爱的就是你（王力宏）

等你爱我（陈明）

Waiting For You（胡彦斌）

I Knew I Loved You

Hero

拜高堂改口敬茶背景音乐推荐

相亲相爱一家人

知足（五月天）

真的爱你（Beyond）

听妈妈的话（周杰伦）

母亲（罗大佑）

懂你（满文军）

家长代表致辞背景音乐推荐

小手拉大手（梁静茹）

天生注定（任贤齐/杨千桦）

只有为你（庚澄庆）

一路上有你

Two Less Lonely

Can't Help Falling in Love

Your Song

First of May

仪式结束新人退场背景音乐推荐

欢乐颂（贝多芬）

简单爱（周杰伦）

跟着我一辈子（杜德伟）

不得不爱（潘玮柏）

梦中的婚礼（理查德·克莱德曼）

爱你不是两三天（梁静茹）

She（Groove Coverage）

I Believe In You

新人献歌音乐推荐

在我生命中的每一天

恋爱频率（许志安／许慧欣）

明明白白我的心

广岛之恋（张洪量／莫文蔚）

王子面（孙燕姿／五月天）

今天你要嫁给我（陶喆／蔡依林）

我想更懂你（潘玮柏／苏芮）

很爱很爱你（刘若英）

戴上我的爱（潘玮柏）

恒星（苏永康／许茹芸）

新人共舞背景音乐推荐

My Heart will Go on

When I Fall in Love

A Whole New World

Once in a Blue Moon

Always and Forever

Everything I Do

Unforgettable

From This Moment

At Last

Because of You

怎样安排婚宴表演

婚宴上除了冗长的仪式外，还需要穿插一些艺术表演和道具表演作为调节，才能使整个婚礼又隆重又热闹。这种表演可以是专业人士高水准的现场演出；可以是新人的自导自演；也可以邀请新人的亲朋、好友及嘉宾们一展风采；甚至卡拉OK也是表演的一种形式，可以事先安排好曲目，也可以请嘉宾们现场随意献歌。

婚宴表演主要有这几种：

一、中式仪式型

婚礼中请乐队演奏的形式很多：民乐型、弦乐型、钢琴独奏、小提琴四重奏等，多用于迎宾区制造温馨甜蜜的氛围。而6人的乐队表演显得更加庄重华丽，和婚礼隆重奢华的氛围十分契合。

二、魔术表演型

曾几何时，逗趣的魔术表演成了某些地方婚礼中的常见节目，在新人换装、来宾等候或是双方互动的时间里，魔术轻松愉快的表演不仅可以维持现场热烈的氛围，细心的魔术师还可以帮助照顾台下小宾客们的心情。

三、乐队演出型

乐队是时尚的新人常常约请的婚礼特别来宾。轻快的旋律，美妙的歌声，活跃的气氛，给婚礼一个轻松愉快的尾声。比如，有对新人请来了歌声迷人的女子二人演唱组合和她们的乐队，还邀请宾客一起演唱，非常有意思。

四、舞龙舞狮型

舞龙舞狮是中国人庆祝仪式中常见的节目，如果您婚礼的会场够开阔，来宾人数较多，不妨试试这种传统方式，一定会掀起婚礼高潮，最后新人还可以来个点睛妙笔，为今天的喜庆点上甜蜜的注解。

五、综艺表演型

可以是各种演艺形式的集合，比如相声、戏曲、舞蹈、杂技。请几个滑稽剧演员也不错啊，可以为台下的宾客献上了一场难得的感官盛宴。

六、传递烛光型

婚宴正在进行中，突然，灯光暗了下来。原来，唯美浪漫的时刻到了，新娘手捧一只点燃的精美的蜡烛杯，开始传递，将每桌的蜡烛杯一一点燃，让"烛光"带来些惊喜吧。

七、分发蜡烛型

由色彩多样的闪光彩色心型小蜡烛组合而成的心形图案一经进入会场，就会由于别致的创意与优雅的风格，赢得来宾的掌声与喝彩。也可以用特制的冷烟花来代替蜡烛，更添绚烂。

八、户外烟火型

如果您婚礼举办的会场，有开阔的花园并且允许燃放烟花，您可以参考下面这对新人的做法：用冷烟火和蜡烛组拼成LOVE字样，在婚礼的尾声燃放，一定能在新人和宾客脑海中留下不可磨灭的深刻印象。

九、焰火背景型

在新人海誓山盟、交换信物或是表演节目时，如果有了纷纷扬扬的烟花的衬托，浪漫指数一定会飙升至100。不过要注意的是，冷烟花燃放的次数不宜过多，否则封闭的婚礼会场中的空气质量会受影响。

十、焰火型烛台

如多层蛋糕形状的主烛台上，放满台下宾客亲自点燃的小烛台，由新人点燃的主蜡烛金光闪闪，刹那间多彩的焰火喷薄而出，会引得台下欢呼不断。喜欢大场面婚礼的新人就应该选择这种精彩大气的烛光仪式。

十一、特制雪山型

银白的雪山，动听的铃铛，为自己的主题婚礼而特别制作婚礼烛台的新人可并不多见。有对新人婚礼的主题是春雪，策划师特别将烛台的形状设计成了漂亮的雪山，与会场中其他的主题装饰相互协调呼应。

十二、蝴蝶翩飞型

与设计成心形的主烛台不同，烛台的形状也可以设计成一只正在翩飞的蝴蝶。当所有蜡烛点燃时，蝴蝶如同苏醒过来的精灵在花丛中振翅欲飞，为婚礼增添灵动活跃的氛围。这也是值得推荐的新颖方法。

这么多的演出形式，看得你眼花缭乱了吧，希望你找到适合自己的那一款。

婚宴小游戏的魅力

婚礼的形式多种多样，或豪华或甜蜜，最好是做到氛围极好又有趣。其中，婚礼上的小游戏也是不可忽视的调节剂，它可以在席间调动气氛。

只要细心留意、用心编排，无论是在迎亲时、拍摄外景时、婚礼仪式还是其他环节都能穿插有趣的婚礼节目，为你的婚礼增色。

以下提供几个婚礼节目的创意，供大家借鉴拓展。让我们一起来玩转婚礼吧！

一、在婚礼上做电影女主角

还在羡慕电影里男女主人公浪漫的爱情故事吗？现在你也可以把自

己喜欢的电影情节搬上婚礼啦。有一位新娘在婚礼当天上演了韩国经典影片《我的野蛮女友》中的片断，熟悉的剧情、逗趣的表情，让在场的宾客都忍俊不禁。

提示：在婚礼现场表演舞台剧时，应挑选大家都熟悉的电影，以免造成冷场。表演时可同时在屏幕上播放原版片断，这样就算新人因为紧张忘了台词也不怕了。

二、寻找现场最资深夫妻

先请全部宾客起立，夫妻两人都在现场的保持站立，其余的坐下；接着，结婚3年以下的坐下；下一批，结婚不超过5年的坐下，结婚10年内的坐下……最后竟然有结婚60年的资深夫妻莅临婚宴。希望新人也能像他们一样结婚60年后，依旧陪伴在另一半的身边。

提示：这个节目不仅全场出动，调节了气氛，也可以给新人一种美好的祝愿。

三、搞笑的抽奖活动

事先在喜帖中放入幸福小卡，请亲友写下对新人祝福的话语，喜宴当天带到会场投到幸运抽奖箱，届时抽出幸运者赠送特别的奖品，并加赠别出心裁的小礼物。

推荐奖项设置：

气喘吁吁奖+加赠卫生纸一包；

姿势万岁奖+加赠酸痛药膏一块；

翘班休息奖+加赠拖鞋一组；

甜蜜泡泡奖+加赠泡澡一组；

给我抱抱奖+加赠可爱抱枕；

浪漫气氛奖+加赠蜡烛一组。

提示：奖品是否贵重在其次，奖项的设置才是亮点。

四、才艺展示之变魔术

越来越多的新人把婚礼当做展示自己的一个平台，在现场变个小魔术也是不错的选择。

提示：婚礼当天简单的小魔术就足以惊羡全场。条件允许的话可事先向专业人士讨教几招，掌握要领。婚礼当天变魔术所需的道具得预备妥当。此外婚礼前自然得多多练习，以免现场表演时穿帮。

五、才艺展示之秀舞技

新郎新娘伴着悠扬的音乐在台上翩翩起舞，可展现一派甜蜜景象。是选择热情的桑巴、激情的探戈还是柔情的华尔兹，就全看自己的喜好了。如果场地允许的话，新人在单独舞上一段后，也可邀请台下有兴趣的宾客上台一起同乐。

提示：想要在婚礼上秀出完美舞姿，除了婚礼前多多练习外，新人还得事先准备好跳舞时所需的服装、鞋子、音乐等必备物品。

六、童年游戏之击鼓传花

将儿时"击鼓传花"的游戏搬到婚礼现场，是不是有回到童年的感觉呢？现场可邀请一些来宾上台共同参与互动，有幸接到花球的人可即兴表演一个节目。

提示：在现场准备好花球、鼓等道具。如果场地允许的话还可以玩"123木头人"、"跳房子"等经典小游戏，相信在婚礼现场定能掀起一波又一波高潮。

七、十连拍

主持人做好准备，等新郎新娘下一次出场时，让摄影师对新人们做出十连拍。然后立即在投影上展示出来，必会笑成一团。这个小创意当能赢得大家的一致肯定，报以热烈的掌声。

提示：这个节目适合场地比较小的婚宴。

什么是主题婚礼

什么是主题婚礼？顾名思义，"主题婚礼"就是一个有主题的婚礼，用一个特有的主题贯穿整个婚礼的始终，使目前相对模式化的婚礼充满主题色彩，使一个形式化的过程变得真正有意义，有值得新人回味和珍藏的价值。

每个新人都希望自己的婚礼是特别的，能让来宾感动和投入，为婚礼设立主题是为了能够更好地达到这一目的。"主题婚礼"的主题必须是贯穿始终的，包括文字、录像、音乐等各种表现形式，并且从迎宾牌、餐桌布置、来宾礼物等细节处体现出来。

主题婚礼可以分为两种类型：一种是模式化的，类似于套餐的主题婚礼，其主题和操作方式都是事先预定的；另一种是从新人本身的特点出发，如自己的职业特点、兴趣爱好、爱情故事等，激发创意，寻找主题，从而表现出婚礼的灵魂。后者的效果会更好，当然难度也较高。必要时可以请较专业的策划师协助，大型主题婚礼还需要一个专业的执行团队来进行操作。

一场真正的主题婚礼所要表达的主题应是真实感人的，与新人的自身特点相吻合。主题婚礼最根本的是既要避免"有形无义"，还要避免生搬硬套，还有不要搞得太夸张，婚礼不是舞台剧，体现主题即可。

婚礼有多少类型

草坪婚礼

选择一片绿地，或郊外别墅花园，或湖边草坪，或依山傍水，经过精心装点，在阳光、草地之中与亲朋好友共同投入大自然的环抱，体验一场典雅、新颖、时尚的婚礼。在风光自然、空气清新、舒适及静谧的环境里，在一种宽松的氛围中，办一场自助式的婚宴，是一种别致的选择。想象一下在大自然的怀抱中，翠绿的草坪像一块软绵绵的无边地毯，衬托着热闹的婚礼现场，用鲜花和绿叶做成的拱门突出了主会场的氛围，整整齐齐的大长桌上可以铺满鲜花和美餐。在灿烂的阳光下，让蓝天为你们作证；在如茵的草坪上，接受亲友们的真诚祝福。你们手牵着手，走在翠绿的草地上，让大地、蓝天、阳光、绿草、小花，一同来目睹这个浪漫的婚礼吧！

烛光婚礼

要让自己的婚礼既浪漫又温馨，烛光婚礼是一个不错的选择，它象征着新人之间温暖、甜蜜的爱情。想象在婚礼正式开始时，室内的灯光渐暗，静光灯打开。当婚礼的音乐响起来时，新人在摇摆不定的烛光照明下走向主台，两人手持金色的引火器，将象征彼此爱情的神圣的烛光一起点燃，并许下爱情宣言——烛光为证，生生世世，恩恩爱爱，共度今生。

教堂婚礼

在神圣的《婚礼进行曲》下，漫步在充满幸福的红色地毯上，娇美的新娘在慈父的陪伴下慢慢地走进神圣的婚礼殿堂，由父亲亲手将自己女儿的一生幸福托付给站在她面前的心上人。就在此时此刻，所有人的目光正在注视着新人，幸福洋溢在每一个人的脸上，今天你将会成为世界上最美丽最动人的新娘。教堂式婚礼让结婚成为一生的盟约。在神父的安排下，戴上你们永结同心的婚戒，并许下一个你们要为之坚守一辈子的誓言，默默等待着神父说，"你可以亲吻你的新娘了"。你们在亲朋好友的簇拥下伴着欢快的音乐声走出教堂，新娘将自己的手捧花抛撒给下一个即将走进婚礼殿堂的幸福女人。

水上婚礼

将一生中最浪漫美妙的婚礼，从宾馆饭店"移"到水上，正成为年轻人的时尚。想象一下，在碧波荡漾的湖面上，举办一场别开生面的水上婚礼：婚礼开始时，现场飘动着喜庆的彩色气球、彩带，挂满各式各样的渔网；阳光甲板上，粗粗的缆绳、仿古的桅杆上稍加装饰点缀，古朴而富有情调。船员们分列两旁，你们由舷梯缓缓踏上甲板上的红地毯，迎来的是无数的彩带和人们真挚的祝福。站在船头，让海风吹起洁白的婚纱。司仪穿着船长制服，为你主持婚礼。水天共鉴，让这一刻化为永恒。出场证婚的并非你们的亲友，而是风浪中代表着幸运的"老船长"，他的祝福更富有婚姻美满和谐的象征意义。蓝天下，碧波上，在甲板上举办一场冷餐会，你们共同注满爱情的香槟塔。来，嘉宾们举杯，祝新婚夫妇天长地久！

音乐拉开浪漫之夜的帷幕。众人一边自助品尝佳肴，一边享受中西乐队精彩表演。在灯火通明的巨大甲板上，悠扬的萨克斯管乐在空中回荡，你们和嘉宾们情不自禁地伴着海风翩翩起舞。欢声笑语在夜里的湖面上飘过，感染着路过的每一位客人。

游艇在这次浪漫的水上婚礼中，载着你们的亲朋好友，驶向爱的港湾。气球、彩带、鲜花等洋溢着婚礼的喜庆、浪漫。相爱的人立于船头，相拥着，拍一张照，留下这一美好瞬间。留下永久回忆。

中式传统婚礼

凤冠霞帔是钟情于古装婚纱的新娘不可错过的穿戴。华丽的装饰，喜庆的色彩，是典型的中国传统新娘风格。新郎身穿长衫马褂，簪花挂红，手扶花轿而行；而新娘身穿绣花裙褂，头顶凤冠霞帔，上面盖着一块红方巾，坐在缓缓前行的八抬大轿中。听着鼓乐喧天的乐曲，看着外面驻足观望的人群，让新娘感觉到像置身于梦境一般，顿时感到脸上一圈红晕泛起，享受着甜蜜的幸福。

此外，婚礼的形式还有家庭婚礼和集体婚礼等。

非诚扰

Chapter5
第五章 III

蜜月随想曲

随想曲（capriccio意，caprice法)是一种曲式结构较自由，带有随意性并富于生气的音乐体裁。该词在十六世纪指牧歌风格的多声部声乐曲和运用模仿对位等复调音乐表现手法的器乐曲，常带有标题音乐性质；十八世纪中叶起常指技巧性的器乐曲，兼有诙谐曲与练习曲的特点。

柯萨科夫的《西班牙随想曲》是一部色彩华丽、技巧绚烂的管弦乐曲，描绘了南欧旖旎的自然风光和西班牙人富于诗意的生活图景。活跃喧腾的欢聚场面，充满了力量和光辉。有吉卜赛女郎的轻盈优雅、妩媚动人。也有绚丽多彩的配器手法，展现了丰富的色彩变化。

柴科夫斯基创作《意大利随想曲》期间，曾旅居意大利罗马，广泛收集了意大利的民间音乐素材，并根据意大利的民间流行曲调谱写。这些无意中得来的动人曲调，有些是从民歌集里收集来的，有些甚至是作者在马路上亲耳听到的。

两人世界的甜蜜之旅，也许一生只此一次，这是你们展开浪漫随想的时间。请走出家门，乘着音乐的翅膀，开始蜜月之旅吧。旅行可以让人领略异域的种种风情，感受各种文化的独特魅力，带你品尝数不尽的美食，收获不同的人生体验。

当然，婚礼之后，启程之前，首先共度的是你们的新婚之夜。

新婚之夜绝对隐私数据

看了这些数据，你应该知道怎样做了。

30%的夫妻在新婚之夜由于疲劳，很快睡去。

25%的夫妻在新婚之夜有性生活。

16%的夫妻在新婚之夜有非常美妙的性生活。

这个16%，让你们的心情立刻轻松了吧？以后的日子还长着呢，第一次的失败实在算不了什么。

统计数据二：

97%的夫妻在新婚之夜之前就有过性生活。

3%的夫妻在新婚之夜之前相互间没有性生活。

第一次性爱在什么时候发生，全凭你们自己掌握，如果情感上已达到水乳交融，相互期许，提前尝试一下性爱的甜蜜也未尝不可。

统计数据三：

76%的女性不担心自己在新婚之夜的表现。

50%以上的男性担心自己是否表现完美。

所以，老公才是最需要抚慰的，请新娘尽量温柔和耐心地对待他吧。

统计数据四：

36%的女性在第二天早上醒来时非常高兴，婚礼的繁文缛节总算结束，两人开始了卿卿我我的蜜月生活。

23%的女性首先想到要被束缚在婚姻之中了。

19%的女性感到仍然筋疲力尽，希望能够睡上一个星期。

另外，还有26%的新婚夫妻说，当晚没有准备避孕套，不得不临时

第五章 蜜月随想曲

137

解说处女膜

处女膜，是掩盖在女子阴道外口的一层中心有孔的薄膜，位于阴道口与阴道前庭的分界处，又称阴道前膜。

一、处女膜的生理特征

处女膜是多种雌性动物，包括非洲象、海豹、狐猴、天竺鼠与人类所具有的组织。人类的处女膜中间有孔、不完全封闭，是完全或部分的覆盖于阴道开口处的一层半透明的结缔组织隔膜，薄膜的正反两面都呈粉红色，表面湿润，具有丰富的血管组织及少量神经。

在处女膜的中央，有一个直径为1～1.5厘米的小孔，医学上称之为"处女膜孔"，月经就是通过这一小孔排出体外。"处女膜孔"的形状各人不尽相同，有圆形、椭圆形、环形、筛形、伞形、分叶形、星形、中隔分离形、月牙形、半月形、唇形等30余种，常见为圆形和椭圆形。

处女膜在胎儿3～4个月时出现、发育、形成，到青春期时的处女膜形态和厚薄不一。一般青少年的处女膜较小和厚，随着女子身体的发育成熟，处女膜会逐渐变得大而薄，并有相当的韧性。成年女子的处女膜大约厚1至2毫米，其间含有结缔组织、微血管和神经末梢。

处女初次性交时，处女膜会因男性阴茎的刺入而破损，并造成少量出血，并伴有轻微疼痛。由于处女膜形态各异，破裂的程度会有很大差别。有两个孔的中隔形处女膜出血较多，伴有比较剧烈的疼痛。唇形处女膜则出血很少，几乎无痛感。较厚且弹性很好的伞形处女膜有可能完全不破裂。生育后，由于胎儿经阴道娩出，处女膜进一步破损。有时仅留下几个残存的突起，叫处女膜痕。剖腹产分娩则处女膜仍保持婚后的形状。

只有少数女性天生没有处女膜，而另外有少数女性处女膜上则没有孔隙，属于民间所称"石女"的一种，病理学称为处女膜闭锁。这种情况使得女性在经期经血无法排出，常在青春期发现月经迟来，但每个月小腹有周期性疼痛。治疗上一般以处女膜切开术处理。

二、处女膜的作用

青春期前，女性的生殖器官尚未发育完善，阴道的黏膜较薄弱、酸度也较低，因而不能阻拦细菌的入侵。而这时的处女膜较厚，也就担负起这一重任，起到保护女性生殖系统的作用。

青春期后，女性的生殖器官逐渐发育完善，阴道已经具有抵抗细菌入侵的作用，而处女膜则逐渐变得薄弱，也就失去了这一作用。所以，对于发育成熟的女性来说，处女膜已经不再具有什么生理功能了。

处女膜孔的作用：女性性成熟后会来月经，月经血正是通过处女膜孔而排出体外的。如果处女膜上没有这一孔隙，月经血就不能顺利排出体外，这一现象在医学上称为"处女膜闭锁"。若月经血在阴道内长久积聚，可向上流入子宫腔、输卵管，甚至可流入腹腔，造成腹腔感染，引起腹痛。

三、有处女膜 ≠ 处女

由于处女膜一般在性交后破裂，传统的观念便把处女膜是否完好当做女子是否有过性行为的唯一检验方法。

性交固然会使处女膜破裂，但处女膜破裂却并非都是性交所致，剧烈运动、阴道用药、某些繁重的体力劳动都可致处女膜破裂。将异物塞入阴道以及手淫等，也会使处女膜破裂。

另外，真正的处女在初次性交时有约20%没有疼痛和出血。处女膜的形状有30余种，唇形处女膜出血很少，几乎无痛感，血液也不一定会流出阴道外；而较厚且弹性很好的伞形处女膜有可能完全不破裂，它可能会在多次性交后或在某次比较疯狂的性爱之旅后才会破裂，但未必出血。还有，极易破裂的多孔筛形处女膜，它可能在初次性交前就已经因各种原因而破裂了。

因此，处女膜与处女之间，并不能一律划上等号；处女膜破裂与行为不检之间，更不能胡乱划上等号。但是一般来说，大多数未婚健康女性在没发生性关系前，处女膜是完好无损的，在初次发生性关系时会"见红"。

所以年轻女孩要在日常生活中注意保护自己，避免处女膜在非正常情况下破裂。处女膜的存在，对防止外界不洁的东西进入阴道，也是有益处的。

四、性伦理与处女膜

怎样判断处女膜是否破裂呢？一般来说，需要经专业妇科医生进行检查后才能确定处女膜的状态，女性自己判定处女膜是否破裂较困难，即使是与之发生性生活的男性也很难判定。所以，很多时候，男子只能以女孩子的阴道是否出血来判断。

受到中国传统观念的影响，有一部分男子，对自己未来的妻子是否是处女很关心，这称为"处女情节"。这类男人择偶时较重视贞节，偏好无性交经验的女性，选择这类女性也能基本保证将来的子女属于自己。

女孩子自爱固然重要，但是男性也要宽容，不能因为一层没有任何意义的膜而破坏了夫妻之间的感情。夫妻之间一定要相互信任，才能白头偕老。

在非洲还有一种"割礼"仪式，在女孩4~8岁之间进行，将女孩的阴蒂缝合，只留下极小的开口以便排泄尿液或经血。这个做法可以确保女孩在结婚前仍是处女，新婚时由夫家剪开阴唇。非洲的50多个国家中有30多个在不同范围内实行割礼，几乎所有女孩子在幼年时期都必须接受这项痛苦万分的手术，全球接受割礼的妇女总人数约有一亿三千万。根据地区不同，割礼的程度也有不同，除缝合手术外，还要施行切除，从只切除阴蒂到切除整个器官，目的是免除女子的性快感，以保证妻子在婚后也能守节。"割礼"与我国的传统观念中的守贞意识是一样的，只是程度更深，对女性的残害更大。

五、"处女膜闭锁"怎么办

处女膜闭锁又称为无孔处女膜，系因处女膜褶发育旺盛，使阴道不能与外阴前庭贯穿。处女膜闭锁并不少见，是女性生殖器官最简单的畸形。处女膜闭锁的女婴在新生儿期大多无临床表现，多于月经初潮后发现。初潮后经血不能通过阴道流出，多次月经后，经血逐渐积聚，形成阴道子宫积血，积血过多可通过输卵管倒流入腹腔，可引起子宫内膜异位症和腹腔粘连，引起剧烈腹痛。

"处女膜闭锁"是民间所谓"石女"的一种，与"先天无阴道"是完全不同的两种病症。处女膜闭锁只要能及时发现和治疗，是不会影响性交和生育的。如不及时治疗，一旦输卵管黏膜被经血扩张破坏，就会造成永久性的不孕症。如果未经治疗而结了婚，将无法进行性生活。

"处女膜闭锁"在检查时可见处女膜向外膨隆，表面呈紫蓝色，无阴道开口。盆腔B型超声检查可发现子宫及阴道内有积液。用粗针穿刺处女膜正中膨隆部，如果抽出褐色积血，则可以证实诊断。

处女膜闭锁一旦确诊，必须及早进行手术，即做"处女膜切开术"。这是一种较简单的小手术，术后恢复也很快。术后应口服抗菌素预防感染，并用1：5000高锰酸钾坐浴7天，每日2次。术后一周内应减少活动，一个月内避免剧烈运动。

六、处女膜修补术

年轻女性应自尊自爱，不要随便与人发生性关系，若已不可避免地发生了，也不要背太大思想包袱。

处女膜修补是一种较为常见的妇科整形手术，通过手术既可恢复处女膜的正常形态，又可减轻就医者的心理负担。随着技术的不断发展，处女膜修补术式也在不断的多样化，目前修补的主要方法有瓦合法、贯穿法、夹层法、处女膜原孔径恢复法、环形埋线法及直接缝合法等。但是由于处女膜的组织纤维血运不佳，术后伤口张力较大，易受到污染及护理困难等诸多原因，手术难以一次成功，尤其是复杂的处女膜破裂。

处女膜根据每人发育不同而形态不一，修补的方法也是不同的。手术的难度取决于破裂的处女膜的残片形状。如果是外物撞击、较少性生活、运动撕裂等原因造成的破裂，一般较易修复。已有多次性生活，处女膜破损严重者，甚至是处女膜完全萎缩，需要行处女膜再造术，凭借手术医生的从医经验，在手术时细心操作，虽然修复手术难度很大，但

仍可以完全修复。手术当时即可知道修补效果是否满意，再次初夜时一定会伴随着处女膜的破裂而疼痛并再次出血。

处女膜修补术注意事项：

1. 处女膜修补手术应避开月经期，一般情况下，月经净后三天至月经期前十天之间的任何一天都可以安排手术。

2. 局部黏膜瓣瓦合法设计瓣时，近端要靠处女膜基部，使所形成瓣有足够宽度。

3. 破裂缘之间缝合要无张力缝合。

4. 使用可吸收线缝合有无需拆线之优点。

5. 有性病或阴道炎的女性，应先行治疗，痊愈后再施行手术。

手术护理要点：

1. 手术后一周内需要常规服用一些抗生素。

2. 每天用清洁的温水洗净会阴部，以保持局部清洁。可以洗淋浴。使用消毒水消毒伤口一周，以防感染。

3. 手术后应多食水果，避免大便秘结。

4. 术后半个月内要尽量避免下蹲，上厕所时最好采用坐式。上下公交车、火车时，腿不要分得太开。避免剧烈运动及颠簸。

5. 术后一个月内不要进行骑自行车等使会阴部增加张力的活动。

新婚同房的突发状况

新婚的几天，是最缠绵和甜蜜的时刻，也是最容易出现突发状况的时候。此时不必紧张，仔细阅读下面的文字，就会收益不少。

一、尿路感染

如果不注意性交卫生，可能引发泌尿系统疾病，如尿道炎、膀胱炎、肾盂肾炎等。每次性交前双方都应对生殖器和外阴部进行清洗；女性在同房后最好小便一次，并再次清洗外阴，以减少感染机会。

二、同房晕厥症

第一次性交的女性，由于过分紧张、惧怕或激动，心跳加快，在同房时可出现脑贫血症状，如心慌、气急、面色苍白、出冷汗、血压下降、脉搏细弱、四肢湿冷、神态恍惚、失语等。出现这种情况，应将新娘头部放低，饮一杯糖水，一般可慢慢恢复；如新娘神志仍不清，应送医院治疗。预防的办法是新郎要多抚慰新娘，让她放松心情，性交前戏要充足，动作要温柔，切忌粗暴。

三、处女膜出血过多

女子初次性交，当男子的阴茎插入阴道时，常将女方处女膜顶破，形成裂口，从而引起少量出血和轻微疼痛。处女膜的裂口往往是多发的，从中心部向四周呈放射状延伸；由于男性阴茎进入的方向一般是向下向内的，故裂口在阴道口两侧下方处较深。处女膜破裂时，一般出血量并不大，通常只有几滴或十几滴，个别新娘处女膜坚厚或处女膜孔太小，或新郎用力过猛、急躁粗暴，偶尔会使处女膜严重撕裂，甚至裂口可延伸到阴道的基底部，称为完全性破裂，并使阴道壁裂伤，引起新娘明显的疼痛或较多的出血。

1. 对于绝大多数新娘来说，一般不需要特殊处理。

2. 如果出血较多，可立即用柔软干净的纱布或手绢填塞在阴道口，新娘夹紧双侧大腿，侧卧休息。

3. 也可用清洁纱布衬垫后用手指按在出血处，稍用力压迫几分钟，或穿上贴身而有弹性的短裤，出血通常也会停止。

4. 三天内不应再有性生活。

5. 若仍出血不止（通过对填塞的纱布是否持续向外渗血来观察），应及时去医院作局部伤口缝合处理，以便尽快止血。伤口愈合前不可性交。

6. 送医院时，不要让新娘步行。

四、女性阴道损伤

缺乏性经验的女子，一般阴道分泌的润滑液体较少，加之新郎性交动作粗暴，用力过猛，可以导致女性阴道撕裂、阴道穿窿损伤等情况，新娘可能因出血过多致休克，此时应停止性活动，用消毒棉球压迫出血部位，并送医院处理。

五、阴道痉挛

阴道痉挛是指性交时阴道口或阴道周围的肌肉产生强烈和持续性的收缩，使阴道口及阴道狭窄，阴茎无法插入阴道或插入阴道后不能拔出。只有极少数新娘出现这种情况，主要由于精神高度紧张和恐惧，而新郎又急于求成，动作过于粗暴鲁莽，出于人体自卫的本能，阴道便发生反射性和防御性的收缩。可以采取以下办法：

新郎要给新娘多方爱抚，消除新娘紧张情绪，使之心情舒畅，加速性欲冲动。新娘也要正常看待性爱，将它视为美满生活的一部分。当阴道痉挛发生时，如果急于停止房事，反而会更加痛苦，因为这时阴道还在收缩不止，男方应温和、怜恤地鼓励女方，使其不要惊慌；然后用腹部呼吸，把腿抬高，便可终止。因为这种体位与分娩体位相同，阴道能够自然松弛。

六、男子阴茎损伤

阴茎损伤多发生在新婚时期，大多是粗暴性交或性交的体位和姿势不对造成的。特别是"女上位"姿势进行性交时，最容易使阴茎突然滑出阴道而受压迫引起折伤。

1. 轻度的阴茎损伤会出现瘀血青紫和轻微肿胀，可用冷水或冰块冷敷患处，这样可以使阴茎的血管收缩而止血，一般在冷敷后的24~48小时出血就会停止，接着应改用热水敷使阴茎的血管扩张，以促进淤血消散。可同时内服三七片、跌打丸、云南白药和抗菌消炎类药物。

2. 如果阴茎皮肤破溃，形成了开放性伤口，在送医前千万不能自行在伤口中涂撒止血粉剂，否则会影响日后愈合并可能造成感染。

3. 如果已经发生严重的阴茎断裂，应立即将阴茎的断端用纱布包好并尽快送往医院手术治疗，阴茎根部不可捆扎止血，以防阴茎缺血性坏死。

新婚之夜如何避孕

　　新婚之夜是美好的，但避孕也是很重要的。目前可供选择的避孕方法很多，如果使用避孕套的话，似乎会破坏新婚初夜的气氛，而且到底是新郎，还是新娘准备呢？即使兴致再好，有了避孕套的阻隔，也会让这一刻的缠绵大打折扣。避孕药同样会破坏双方的心情，令人失去性欲、索然无味。

　　初夜避孕最理想的方法就是避开排卵日。所以，订过婚的女性，最好能测量自己的基础体温，此时就可以利用基础体温，预先确定结婚的日子，以避开排卵日。但是，有很多人是在半年甚至一年前，就决定结婚日子的，而想要在一年前就预知排卵日可不是一件容易的事儿。

　　不过，如果月经一直很规则的话，就可以预知月经来潮的日子是在月初、月中或月末。排卵日在下次月经来潮前的14天左右，因此，只需要反过来推算，就可以在月初、月中或月末选择一个好日子了。但是，即使月经周期很规则的女性，想要以基础体温来决定一个在半年甚至一年之后的初夜，仍然是无法达到100%正确。更何况现在许多地方（尤其农村）还是沿袭旧习惯，以农历来决定结婚日子，如此一来想自然避孕就更难了。

　　如果是属于上述情形的话，你应该在择定结婚日期之后，即在这一天的前一个月或前一个半月，就开始记录基础体温，如此可以粗略地预知结婚当天是在排卵期的什么时候。如果婚礼的当天或蜜月期刚好在月经预定来潮

的1个星期之前，也就是基础体温已进入高温期4~5天之后，你就无须担心会怀孕，尽可安心地欢度蜜月。

万一新婚初夜是在排卵期（以基础体温最低的那一天为中心的前后5天）或在基础体温已进入低温期时，就会有怀孕的可能。所以，在蜜月期间，如果你不想太早有孩子的话，还是应该想办法来避孕。

最适合新婚时期使用的口服避孕药或避孕针，你可以到当地妇幼保健机构和计划生育服务站购买到。在婚前1个月就可开始服用，蜜月旅行期间也要继续服用。通常都是在月经来潮时的第5天开始服用，每天服1粒，持续20天，如此就可以达到完全避孕的目的。此法的避孕效果可达99%，而且对某些妇女月经不调、过多、过频，痛经或经前紧张症等妇科疾病还有治疗效果，真是一举两得。

当然，有些女性服用避孕药或使用避孕针时，会有恶心、呕吐、头痛等不适症状，建议你睡前服或加服维生素B6以减轻你的不适症状。当然停药后这些症状都会消失。当不再担心怀孕后，相信你会度过一个甜美的新婚之夜。

安排一个难忘的旅行结婚

旅行结婚，任何时候都不会落伍。

旅行结婚是盛行的一种结婚形式，永远不会落伍，而且近年来蜜月胜地呈现多种多样的新风格。怎样安排旅行结婚呢？由于新婚旅行与一般的旅行不同，因此在婚前必须制订好旅行计划。

一、婚礼及旅游旺季的时间

婚礼的旺季，一般都是天气较好的季节，不是春暖花开，就是夏日浓浓。郁郁葱葱之间，有无数美景可供浪漫。

当然，结婚也往往挑选公众的假日或节日。比如中国的"五一"、"十一"和农历春节，而像泰国这样的东南亚国家，婚礼也多集中在他们的新年前后举行。

由于南北半球季节相反，旅游旺季的时间也就正好相反。一般来说，北半球的旅游旺季是从4月到10月，而南半球的旅游旺季则是正好相反。总体上讲，北半球的婚礼旺季大多集中在6、7、8月份，尤以户外形式的婚礼最受青睐，所以，夏天是全世界的婚礼旺季。

二、旺季出行的利与弊

如果你们喜欢热闹，就选择旺季出行吧。当然了，旺季什么都贵，机票、房间吃紧，预订也难。

不过旺季出行还是有一个好处的，那就是往往会赶上当地商场的促销、热卖时间。比如：法国一年一度的全国折扣时间，就在每年的7月和新年前后举行，如果你打算"满载而归"，不如就趁着"季风"前进吧。

三、选择旅行路线

应根据婚期长短选择路程的远近。如果只有几天至一周的婚假，就选择国内的大中城市和名山大川。如果婚假时间充足，可以选择自驾长线和海外游，并做好充分的物质准备和体力准备。海外游如果想省钱，可以选择东南亚的一些小岛（马来西亚的绿中海、泰国的苏美岛、菲律宾的波拉克岛）；自助游的花费也不多，跟团就更省钱了；如果去欧洲的话，可以选择当地的小镇体验民风。

四、蜜月之旅应该参团还是自由行

其实无论参团还是自由行，最重要的就是要看看兜里的银子有多少。如果预算有限，不妨选择一个参团的旅游项目，当然目的地是你们事先挑选好的，这样既可以省一些费用，也可省不少心思。虽然与旅行社出行会让你们在线路的选择中有一些被动，但还是可以提出你们自己的想法与旅行社进行沟通，线路中那些你们不中意的景点，可以与旅行社商量去掉，这样既保持你们的蜜月不会泡汤，也能节省下时间和银子，去做你们想做的事。

如果预算比较充裕，那么可以好好计划一下自己的蜜月之旅，毕竟这一辈子就这么一次，自助游是不错的选择。

当然要是够刺激、够好玩的话，建议还是要选择单纯的自助游，但是这样的风险也会比较高。如果你们的英语沟通能力并不很好，又选择了欧洲、美洲、非洲这样和亚洲生活差异比较大的异国他乡，会有很多麻烦需要克服，所以自助游目的地的选择要慎重。

五、选择合适的出发时间

新婚旅游应安排在新婚之夜后三天，这样可消除初次性生活因处女膜破裂而造成的出血和疼痛；切不可把初次性生活安排在旅途中，以免引起女子旅行途中的不适。如果临行前感到身体疲倦，就应推迟一段时间，等待体力恢复。

六、新婚旅行准备

因旅行不宜怀孕，所以要带好避孕药具，同时带好性生活卫生用品及妇女个人卫生用品。旅行最好穿运动鞋、旅游鞋，带好钱和身份证、结婚证、必备生活用品和常用药品。在旅途中安排好生活、住宿，注意旅途饮食卫生和性卫生。这样，就可度过幸福愉快的蜜月结婚旅行了。

国内十大经济蜜月旅游胜地

以下的十个地方，是相对经济的旅游之地，足够浪漫，也足够省钱，让你花最少的钱，也能拥有一趟完美浪漫的新婚之旅。这些地点同样适合现在的"毕婚族"——毕业我们一起结婚！

一、海南三亚

这里有我国最美的海滩，被称为"东方夏威夷"，它拥有全海南岛最美丽的海滨风光。海蓝沙白、浪平风轻。两人牵手走在白沙滩，看着碧海蓝天在远处交际成线，海风带着淡淡的清咸味道，一起闭上眼睛去感受面朝大海，春暖花开的美景。世界如此美丽，我们还有什么理由不去笑对人生呢？

二、云南丽江

清冷的玉龙雪山顶上，终年云雾缭绕，即使是在最晴朗的天气，阳光也很难穿透云层，传说每年秋分是日月交合同辉同映的日子，此时也只有在特别偶然的时刻，才能看到有一米长的阳光照在山顶，而被这道阳光照耀到的人就能拥有一世不变的爱情。也许，这一瞬间的奇迹很多人一生也无缘得见，但丽江古城的美却是真实可感的。

丽江是一个适合消磨时光的地方。利用一段闲暇，刚走出校门的"毕婚族"们，带着对美好未来的憧憬，在小旅馆的露台上相拥着看雪山环抱，牵手漫步四方街享受夏日午后慵懒的阳光，时光在不经意间柔软而逝，所谓神仙眷侣的生活也不过如此。

三、湘西凤凰

白浪滩头，鼓掉呐喊的是他的乌蓬船；苍崖翠壁，焰焰欲燃的是它的杜鹃花；吊脚楼头，随风播扬的是它热辣而沙哑的情歌；长亭外，老林边，欢快吟唱。

翠翠凄美的爱情故事打动了无数大学生的心，两人携手走在这个穿越千年的石板桥上，也许才能最真最切的感受到世间最重要的便是身边那个陪你的人，还有他(她)给你的那些小小幸福！

四、杭州西湖

中国古典最凄美的爱情大都发生在杭州，这样一个本身就充满了诗意的城市由于西湖的存在成为了许多恋人心中难解的结。究竟是因为西湖的美景，惹出了世间男女的痴缠还是因为人世风月，使得西湖历经千年依然妖媚，依然神秘？答案的本身已经不重要了，只有这片涟漪的湖水，沉默着见证了无数次爱的际遇。长桥的十八里相送，许白二人的断桥重逢，在悠远的传说中，隐藏着西湖美丽的全部秘密。

和自己心爱的人泛舟西湖，相信在这个浮躁的时代，你能体验到一份久违了的古典美感与真情。

五、广西北海

白天，北海的天空是碧蓝碧蓝的，蓝得高远，蓝得纯净，蓝得透明。凭窗而望，海天一色，渔船点点，鸥鸟竞翔。而北海干净得就如出水的芙蓉、带露的玫瑰，嗅一嗅北海的空　气——清新、湿润，没有丝毫的污染，让心底泛起一片纯净。两人肩并肩、手牵手躺在沙滩椅上，直到太阳下山。

夜晚的银滩月色朦胧，微风簇浪，轻轻摇动着停靠在港湾的小船，像是母亲在为婴儿催眠。远处灯火点点，好似顽皮的星星在夜空中眨眼，银滩的夜，格外的静谧，格外的美丽。我们一起携手漫步在如棉的细沙上，没有什么可以让我们感觉更幸福……

六、桂林山水

这里有着让我们心静的青山秀水，这里更是刘三姐与阿牛哥私定终身、谱写美丽爱情的地方。漓江边的一颗大榕树下，在爱情道路上经历了数次磨难的刘三姐与阿牛哥正在对歌传情，清明欢快。情到深处，刘三姐拿出自己精心制作的金丝锈球抛向阿牛哥，阿牛哥深情地接过这个珍贵的爱情信物，两人共同立下了山盟海誓："风吹云动天不动，水推船移岸不移，刀切莲藕丝不断，斧砍江水水不离……"

让我们在这个榕树下，在桂林山水前对彼此许下这海枯石烂也不变的承诺……

七、青海湖

青海湖畔山清水秀，天高气爽，景色十分绮丽。辽阔起伏的千里草原就像是铺上一层厚厚的绿色的绒毯，那五彩缤纷的野花，把绿色的绒毯点缀得如锦似缎，数不尽的牛羊和膘肥体壮的骢马犹如五彩斑驳的珍珠撒满草原；湖畔大片整齐如画的农田麦浪翻滚，菜花泛金，芳香四溢；那碧波万顷、水天一色的青海湖，好似一泓玻璃琼浆在轻轻荡漾。而寒冷的冬季，当寒流到来的时候，四周群山和草原变得一片枯黄，有时还要披上一层厚厚的银装，玉门关外竟有江南春光般的美景！

八、青藏高原

你可以不理解为什么齐秦一直希望在西藏举行婚礼，你也可以不相信一个人一辈子必须去一次西藏的说法。可是当你们牵着手，看到路上带着最纯真笑容的人们，当你们看到仁措湖的清明透彻和无边无际，难道不会感受到一种最真的浪漫和一种圣洁的情感？在最纯净的高原天空下，人的灵魂会得到的净化。也许，只有拥有一如孩童般简单和纯粹的内心，才能真正体会到爱情的本质。

九、九寨沟

九寨沟，这是一处能征服所有人的童话世界。五颜六色却清澈见底的海子，让你不得不怀疑自己是否身在天堂。两人携手走在林荫下，走过那些清泉叮咚，甩开闹市的嘈杂，也许我们才会真正读懂加西亚。

十、峨眉山

除了名动天下的四大奇观"云海、日出、佛光、圣灯"之外，更因为在峨眉金顶，有一处不为人所熟知却新颖别致的"同心锁"栈道。

从雷坪洞前往金顶的缆车上行，约摸五分钟，再通过一个长长的台阶，便可以到达金顶。在登顶台阶的扶手边，最吸引人的莫过于栏杆上那密密麻麻的镌刻了无数情侣名字的同心锁，这构成了峨眉山另一道独特的风景线。

据说，只要将锁锁上之后，把钥匙决绝地掷入旁边的万丈深渊，便可"情定终身，永不分离"。有趣的是，许多同心锁原本没有钥匙眼，这表示一旦定情，就无退路。当然，这只是一种美好的心愿，一把小铜锁可绝对没有锁住一份姻缘的能耐。可是，面对爱情，我们都有着美好的向往。

蜜月期怎样避孕

一、蜜月旅游要不要避孕

现今，旅游结婚已相当普遍，不仅能够增进夫妻间的感情，而且还能留下一段甜蜜的回忆，尽管如此，新婚夫妇可别忘了注意避孕。因为旅游生活无规律，心情紧张，精神及体力疲劳，机体抵抗力也随之下降，这些会影响精、卵质量。再说旅途中各地气候差别很大，容易受凉感冒，加之人群混杂、污染广泛，洗浴住宿卫生条件差，容易诱发和传染疾病。特别是风疹病毒、性病毒病菌的感染，是导致流产、早产、死胎或胎儿畸形或继发不孕的重要诱因。

医学及遗传学家们认为，受孕以安逸、愉快的生活条件为宜。从优生的角度来看，新婚夫妇如欲早些怀孕，则不宜作蜜月旅游。蜜月旅游的夫妇应采取避孕措施，最好在旅游结束后1～2个月再受孕。

二、蜜月期选择什么避孕方法

新婚夫妇若不想过早生育，可进行避孕。最好使用避孕套加避孕药膏，既能保证避孕效果，又能增加阴道的润滑性。避孕套无任何副作用，且最卫生，若使用得法，不仅不会影响性生活快感，而且可以防止夫妻间一些传染病，对夫妻双方和未来的孩子都是安全可靠的。如果没

有其他不适，可以一直使用此法避孕。结婚2~3个月后，女方阴道较松弛时，也可改用阴道隔膜加避孕药膏。

怎样预测排卵时间

如果育龄妇女能够准确地掌握自己的排卵时间，那么，希望避孕的女性就可以避开排卵期无忧无虑地同房，而希望怀孕的妇女就应尽量安排在排卵期同房而增加受孕的机会。那么，怎样正确预测排卵期呢？现在介绍几种测定排卵期的方法：

一、基础体温测量法

人体在绝对休息的状态下，于清晨初醒时测量的体温叫做基础体温。正常女性每天早晨醒来后，把体温表放在口腔舌下，测量自己口腔的温度，然后把温度记录在体温表格上，连续测量一个月经周期（从本次月经来潮的第一天起至下一次月经来潮时的第一天止），就会发现体温表格上记录的体温曲线呈现规律性变化：前半周期的体温较低，至中期排卵后，由于孕激素的作用，体温会突然上升，一般上升0.2℃~0.5℃，并维持在此水平约14天，所以后半周期的体温较高，直到下一次月经来潮时体温才又下降，恢复到原来的水平。体温上升时则提示排卵已经发生，但仍不能预告排卵的具体时间。连续测量3个月以上，根据每次排卵的日期，掌握排卵规律，就能正确推算出相当一段时间内的排卵日期。

二、子宫颈黏液观察法

月经干净后约2~3天，外阴部无任何黏液，为阴部干燥期。随后阴部开始有湿润感，有黏液分泌，黏液开始时量少、稠厚、白色或黄色、不透明。当排卵期临近时，黏液变得量多、稀薄、乳白色、清澈透明，如用拇指和食指沾拉，可拉成很长的如蛋清液样的丝状。出现这种丝状黏液的最后一天称为高峰日，排卵就在高峰日前后24~28小时之间。排卵后阴部黏液变少，浑浊稠厚，不能拉丝。此时基础体温可达高峰。排卵约4天后，又进入阴部干燥期。从黏液出现时开始到高峰症状结束后4天为止，为易孕期。希望生育的女性可在高峰日前一天和后三天同房。同样，在干燥期同房则可达到避孕的目的。

三、排卵期隐痛

在排卵期，多数女性可有一侧或两侧乳房胀痛，有的小腹可出现隐痛。目前知道精子能够在女性的生殖道内存活72小时，而卵子只能在排卵后的12～24小时内受精。因此，在预期排卵前的3天内和排卵发生后的1天内发生的性交都可能引起怀孕。性生活发生时间离排卵期越近，精子进入输卵管内与卵子相遇的机会越大，女方怀孕的概率也越高。

上述方法要综合应用，才能正确测量出排卵期，安排好性生活。

蜜月回来新娘要做的八件事

一、给你最亲爱的老公写一封信

在信中，首先要感谢他为你实现你的婚礼梦想所做的一切努力，告诉他你在婚礼上有多幸福，让他知道你的感激之情，告诉他你对未来的打算。总之，只要将你心底的那份深情表达出来，让他知道你有多爱他就可以啦！写完之后，装入信封邮寄给他，想象一下，收到信时他有多高兴！

二、给婆婆打个电话

虽然你们和婆婆并不在一起生活，但是婆媳关系对你们将来的生活也是至关重要的。聪明的你，一定不会对我们的建议充耳不闻，你可以向她请教将来生活可能会遇到哪些问题，也可以学学她的拿手菜，也许你并不需要她的建议，但无论如何给她打个电话，聊聊天。这样，她会感觉到你对她的尊重，并因为你已把她当做你未来家庭中一份子而备感亲切！

三、答谢那些帮你筹备婚礼的朋友

你的亲人朋友在婚礼上为你分忧解劳，替你招待客人，帮你协调车辆……令你可以心无旁骛，做个美丽快乐的新娘。蜜月归来，给他们发张感谢卡，用最真挚的方式来表达你对他们的感激之情。感谢他们为你的婚礼所做的一切，告诉他们，没有他们的帮助，你的婚礼将会一塌糊涂，并把蜜月时购买的小礼物邮寄给他们。当然，在他们需要的时候帮他们照顾孩子或者宠物，也是个深得人心的好方法。

四、选出婚礼上的欢乐照片，将它们挂在墙上

婚礼上你们的开怀大笑，你们的深情一吻，所有这些或浪漫或欢乐的美好瞬间都已被定格在一张张珍贵的照片中。将它们挂满你的房间，随时回味那欢乐时光，令你每时每刻都能感受到新婚生活的甜蜜与幸福！

五、开始新的生活，但不要改变太多

从一个人的单身生活到二人世界，也许你们都需要对自己的生活习惯做一些调整，以适应婚后的生活。在婚礼上你们许下了婚姻的誓约，预示你们在以后的生活中将要为对方着想，同享欢乐，共度患难。但是这并不意味着你们要完全改变自己，你们需要接纳，包容彼此不一样的性格，从而达到相辅相成的最终目的。况且，在婚姻头几年当中，一个小家伙将会降临到你们身边，你会因此不得不放弃很多保持了多年的习惯，所以千万不要再试图改变日常的生活规律，那将严重影响你的身心健康。并且要记住，千万不要因为你的婚姻而放弃太多。

六、坚持运动，让自己充满活力

很多朋友结婚后都会发胖，如果你原来就不喜欢运动，不妨从现在开始，寻找一些你们两个人的运动。运动场上挥汗如雨，不仅可以令你们充满朝气，还会在卧室内激情四射！坚持每日锻炼，将会令你们的夫妻生活达到意想不到的完美。

七、经常想些小花招，让自己轻松片刻

你原来也许是个任性的女孩，但现在你已经结婚了，有了新的角

色，肩负着家庭的重担，你应该成为一个有着责任感的人，但不要因为婚姻令你失去原来的活泼与可爱。婚姻生活并不都是浪漫与写意，每天你必须花大量的时间来处理那些家庭琐事。但是别忘记抽时间放松一下，空闲时读读小说，或者是放声高歌都是不错的主意。

八、切忌重色轻友，永远团结几个死党

结婚进入二人世界，并不等于你要放弃原来的整个世界。朋友在生活中占据着无可替代的位置，她们会适时地帮你逃离家庭重负，为你排遣生活中遇到的难题。所以千万不要因为他而与你的老朋友们都失去联络，经常约她们出来欢聚一下，一起逛街、泡吧，一起重温快乐往昔，让她们知道你仍是那个最可信赖的好朋友。

非诚勿扰

Chapter6 Ⅲ

第六章

婚后圆舞曲

圆舞曲（Waltz），也音译为"华尔兹"，原是奥地利的一种民间舞曲，18世纪后半叶用于社交舞会，19世纪开始流行于西欧各国。它旋律流畅，节奏明显，由于舞蹈时需由两人成对旋转，因而被称为圆舞曲。跳舞时一对对男女舞伴，按照舞曲的节奏旋转打圈，动作轻快、优美，情绪热烈、欢快。

圆舞曲出现以前，在欧洲宫廷中流行的都是四平八稳、温文典雅、动作呆板的舞曲。圆舞曲的出现，以它的热情奔放、感情充沛的音乐给城市中的舞曲带来了崭新的面貌和活跃的气氛，所以很快在19世纪40年代便传遍全欧洲，代替其他舞曲，成为100多年来最流行的舞曲体裁，并且在创作实践中逐渐形成了供伴舞用的实用性圆舞曲和供音乐会演奏用的艺术性圆舞曲两种类型。

维也纳作曲家小约翰·施特劳斯，具有"圆舞曲之王"的美称。他一生写了447首圆舞曲，《蓝色的多瑙河》是他最富盛名的圆舞曲作品。

尽情地享受圆舞曲一般的两人世界吧。你的爱人，是前世注定的缘分，也是今生上苍赐予的礼物，与你一起徜徉在河畔。黎明的曙光拨开河面上的薄雾，唤醒了沉睡大地，河中的水波在轻柔地翻动，陶醉在自然中，翩翩起舞吧。

享受婚姻，享受浪漫

浪漫，不仅是在生日时收到令人尖叫的花束，也不一定是在每一个纪念日里翻云覆雨一番。新型的浪漫主义，要你偷取每一个能够相聚的小片刻，感性的分享，性感的共处。其实，亲密关系的营造并非一定要大费周章才能完成；也不是劳师动众死邀集一整个乐队来伴奏的烛光晚餐才算数。不妨尝试仅仅只是一双紧握的手，一本两人共享的漫画书，一段有轻音乐陪伴的减压按摩……你会知道，原来贴近一个人，是可以如此轻易。这里为你提供几个点子，让两人生活更多添一点浪漫与甜蜜：

一、纪念日

纪念不一定非要有个特别的理由才行。你可以随时发挥想象力创造庆祝的理由，不论是雨天、"摔跤日"，或是好不容易排了3小时才买到Kitty的纪念日……都可以是一个浪漫一下的好理由。当然最重要的结婚纪念日绝对不宜遗忘，让彼此都回想起最初心跳的感觉，就是最好的加温方式！

二、拥抱

轻轻的一个拥抱能够融化一颗层层防御的心。当你为他斟上一杯香醇的咖啡时，别忘了多加上一个体贴的拥抱。这可比糖和奶精更让他甜在心里呢！

三、调情

调情不是热恋中的情侣专有的特权，婚姻中的你们拥有更多理直气壮的理由。用一个迂回的方式来邀请他共进午餐，牵起他的手或是紧紧的搂着他，让他有一个温暖的依靠，按摩他紧绷的肩膀，顺势在他颈后磨蹭，或是以视觉、听觉或香味抓住他的注意力，让他的双眼在你身上多停留几秒。浪漫，就从舍不得离开的眼神开始蔓延……

四、亲密时刻

彼此分享的亲密时刻。试着在没有压力的情况下共享彼此的想法和价值观。甚至，先具体地从共享一个衣橱、浴室开始，逐步开启你的浪漫神经。

五、我的心里只有你

还处在约会阶段时，要你们松开彼此的手是多么难的一件事。那么，结了婚，这样甜蜜的镜头就不见了吗？安排个别出心裁的约会来为你们的感情打打气吧！或者就带着心爱的他，在热情的周末出走，找间悠闲的度假饭店，好好地浪漫一下。

六、临别一吻

你绝对想不到，当你急着出门时的匆匆一吻有多么大的魔力。临别的一吻能把你们彼此的心紧紧系住，让你一整天都沉浸在甜甜的亲密中，好像他从没离开过似的。如果你必须因公出差，也别忘打个长途电话，让他知道，你的心好端端地放在他那儿。

七、惊喜

偶尔意外地为他煮顿丰盛的晚餐或是携他一同去他最喜欢的餐厅。经心地营造满室的浪漫，或者冰镇一瓶纯酿红酒，再点上带有香氲的蜡烛，随着飘来的音乐，让累了一天的心上人，有一个如历仙境的惊喜。

八、关上电视

关掉这个曾经的必需品吧！即使是一两个小时，一起看看书，聊聊一天的趣事，或者只是享受一下还不太习惯的沉默……多么奢侈的享受！

其实，浪漫就是这么简单！

婚姻中性爱有多重要

完美的性爱并不只是那几个简单的动作。

人的一生离不开性爱。不管是男人还是女人，离开了性爱就如同一潭死水，了无生机。性爱对于男人来说，是一种身体和精神的安慰；而对于女人来说，是一副保持青春的好药。对于家庭，性爱是最好的婚姻润滑剂。

一、性爱使女人青春不老

享受性爱的女人为什么比同龄的女人看上去年轻呢？有一份关于女性对性生活满意程度的调查显示，只有17.6%的女性表示很满意，而和这个差不多比例的女性居然是性冷淡，她们从未享受过什么是高潮。没有美好性爱的婚姻是不完满的。

有性爱滋润的女人具有一种由身体散发出的、原汁原味的魅惑，她的言语和举止都会透出对生活的自信和热爱，她光泽的脸庞无需化妆品来修饰，她飞扬的神采会感染身旁的每一个人。这样的女人才是真女人。

二、性爱是婚姻最好的润滑剂

一方面，很多的性不和谐是由于夫妻间感情不和造成的。

另一方面，不美满的性或多或少都会影响夫妻恩爱。

如果你今天和爱人吵架了，那么有多少人愿意晚上还一起做爱呢，即使做了又会有多少的投入呢？往往这样的恶性循环就影响到了彼此间的性趣。

男人在性爱中应负有更多的责任，不要把妻子当做满足自己的性欲工具，要时时顾及对方的感受。性爱的感觉是可以逐步培养的，真正冷淡的女性比例非常小。所以男人们在性爱上不能自私，要带着自己的伴侣一同寻找性福。

三、多做沟通

夫妻之间在性生活方面的互相沟通是非常重要的，但也是不容易的，有时会是很困难的。也许有的夫妻共枕一生，根本就没有真正达到性生活方面的互相了解与沟通。

假如你根本不了解丈夫（或妻子）在性生活中真心想要的是什么，你又怎么能真正满足他（她）呢？假如双方都不清楚是否在性生活中真正满足了对方内心的需求，又怎么谈得上是和谐与美满呢？

完美的性生活，并不是天生人人都会的，而是要不断学习与改进的。完美的性生活不是几个简单的动作。

完满的性生活，有着各种不可或缺的要素。相互了解，尊重并满足对方的性需要，就是其中的一个要素。"食色，性也"，人们常常把"食"与"色"并提，但"色"比"食"要复杂得多。你要了解老公想吃什么，比较容易，至少你不会不好意思问他喜欢吃什么……你知道怎么问，也知道问及细节，如要不要辣、要不要加糖，诸如此类。

"色"就不一样了。你可能根本就无颜启齿去问。"性"事似乎是只能暗里做，不能明里谈的。更何况，性行为还牵涉你自己本身的行为配合在内，有的问话便更觉得无法出口了。更何况，人们对性行为的类别名目，不像对食品那样熟悉；即便熟悉的，也不像食品那样易于说出口。

美国著名的男性学专家柏尼·齐相杰尔德说："男人怕被拒绝，怕被认为是怪异的，或者仅仅是因为怕羞，所以不敢正面说出他们隐藏的欲望。"但是，你可以从一些迹象来判断，丈夫是否对性生活感到不满足，通常丈夫在性生活中居主动、主导地位，这已经成为一种社会成见。但是，很多男人都有一个内在的愿望，希望有时妻子主动，主导性生活，他们可以松弛下来享受性的欢乐。芝加哥的性治疗家赛勒尔博士说："假如你的丈夫建议你俩尝试一个新方式，你尽可能不要感到很难为情或表现出恐惧，这种反应将使夫妻间性交流的大门封闭，会使你的先生再也不敢表露他的内在欲望。"

临床心理学家简·沃尔夫博士说："即使丈夫的提议并非你真正喜欢的，但只要可能，就尽量和他试一试，这样可以培养出一种气氛，双方都尊重对方的意愿，并且愿意共同实现这些意愿。这种气氛对于性生活本身以及夫妻关系都是大有好处的。"当然，如果其中的一方感到不快以至痛苦，可选择不接受。假如把不适程度分为10级，那么，在5或5

以下的事，便值得一试。尝试的时候及时主动地询问对方的感受，及时改进。说不定，尝试几次之后，你也会爱上这个"新玩意"。甚至双方可以各列出一个表，按顺序排列出你的心愿，互相交换表格，再共同订计划。

"沟通，沟通，再沟通——这是保持良好性关系的关键。"追求夫妻性生活的更新，追求夫妻性生活的活跃程度，绝非偶尔一次的任务，而是一条需要夫妻终身不懈、携手同行通往甜蜜幸福的"性途"。

四、性爱对健康生活的重要性

虽然没有大量的数据来证明性爱与人体综合健康程度的直接关系，但是我们知道越是健康，性欲就越旺盛。是健康的身体使得你性欲旺盛呢？还是旺盛的性欲促进了你身体的健康？

当涉及某些细节问题的时候，关于性爱与健康的资料还是不少的。现在人们认为的性爱的益处是其更能增进夫妻之间的感情。当然，那些不健康的性行为对身体也是相当不利的。以下是关于性爱对人体健康的一些潜在益处。

1. 抑制消沉、缓解压力

性高潮可以极大地使人镇静，它可以促进睡眠。美国国立纽约大学的一位本科生发现精液可以起到抗抑郁剂的作用。做爱不戴避孕套的女性要比做爱戴避孕套或者不做爱的女性明显能够抵抗抑郁的情绪。这项研究支持了精液可以对抗抑郁症的说法，而且有证据表明女性通过阴道吸收了精子中的某些物质，这些物质可以在做爱后几小时内从女性的血液中检测到。

2. 缓解疼痛

性高潮是一类强有力的镇痛剂。在将要达到性高潮和性高潮期间，女性体内催产素及几种如内啡肽类的物质的含量出现高峰。

3. 增进心脏机能

男性达到性高潮时可以降低血压。一项报道说：丰富的性生活能大大降低了冠心病等致命性心血管疾病的爆发率，可以利用性爱对压力的缓解作用来预防脑卒中的发生。

4. 防治前列腺癌

男性射精的次数越多越有利于身体健康。《美国医学组织》一项报道说：高频率的射精与前列腺癌的发病呈负相关。

5. 修复损伤组织

一些证据显示性爱可以加快伤口的愈合速度，相关试验也表明催产素甚至对一些顽固性的疼痛具有良好的治疗作用，如糖尿病引起的疼痛等。性爱可以通过促进特定细胞的再生来修复组织，缓解疼痛。

6. 延缓衰老

或许是性爱的回春能力，或许是性爱使人幸福的缘故，或许是以上多种益处的综合作用，性爱可以延缓衰老。比如，绝经期的妇女经常患有阴道萎缩症，这种病可以引起尿路感染等多种复杂的症状。如何来预防这种情况的发生呢？多做爱吧。性爱是一项运动，像其他的运动一样，性爱消耗能量，可以抵御岁月对身体机能的损害。

性爱真的能够使我们长寿吗？有数据表明，长寿者除了生活具有良好的习惯外，绝大多数都是夫妻生活和谐，精神愉快。而夫妻长期不和谐者，男子寿命要平均缩短12年，女子6年。孑然一身的男子要比有婚配的男子平均短寿15～20年，而且心脏病、高血压、肝硬化的发病率明显增高。

老少夫妻怎样生活

从历史上来看，无论是老夫少妻的现象还是老妻少夫的现象并不少见。

在婚姻法中，年龄并不是婚姻的问题，也不能成为婚姻的障碍。对于老少夫妻，现在许多人选择了沉默或者给予支持，这正说明社会的宽容程度、和谐程度也正在提高。

一、老夫少妻的根源

老夫少妻中女性的心理根源是恋父情结。有的女孩小时候缺乏父爱，这种心态会使她们在潜意识里从年龄较大的男人身上寻找父爱的感觉。另一种情况则是，女孩从小崇拜父亲，觉得父亲非常完美，因此他们按照父亲的标准来寻找伴侣。年龄较大的男子，由于地位、财富、荣誉以及阅历，会表现出独特的魅力。

男性的心理根源在于：怕老的男人喜欢青春女孩。通常男人不像女人那样怕老，但怕老的男人遇到年轻女孩，会让自己有强烈的"第二春"之感，并通过这样的结合来挽留自己的男子气概。同时，他们也给予对方生活和物质上的帮助，自我价值得到体现。

二、老夫少妻并非都不幸福

心理研究证实：因为有少妻做伴，老夫可能会迎合妻子的青春而调试心态，导致身体更加健康而延长寿命。

婚姻，是一场爱情的戏剧，双方都必须担纲主角。婚姻带来的，不只是相互拥有的权利，还有对彼此的责任。只要双方用积极的心态，相互关爱，老夫少妻同样可以享受一种全新的幸福生活。

不同的成长时代背景，不同的阅历，会使两个人的思维和交流产生差异。但这并不是决定幸福与否的根本原因。还有一种玩笑说法，聪明的女人还是嫁给老男人好。你可以不必日夜担心失去他，因为他的白发来得比你早；你更无须怀疑他会言而无信，因为岁月早已教会他如何去爱与珍惜。女人的年华易逝，曾经为爱癫狂而付之东流的青春，就从另外一份人生里得到补偿。虽然是一种玩笑，但是也不无道理。

三、老少配的后代较聪明

研究发现，老夫少妻后代大多数都比较聪明，孕育出天才的概率更大。原因是子女的智力大部分都遗传自父亲，如果父亲年纪较大，智力发展方面当然要比年青的成熟。而另一方面，年纪轻的母亲给胎儿提供了一个良好的孕育环境。这两个因素加起来，就可以增加天才诞生的概率。

四、老夫少妻生活法则

1. 衣着上注意搭配

小妻子要尽量打扮得成熟一些，"老"公的穿着也同样要稳重大方，才显得般配。

2. 饮食

少妻应多迁就一些对方，调整家庭的饮食结构，毕竟中老年人吃的食品中所含的营养是最合理丰富的，都有助于双方身材的保持。

3. 日常生活

多和丈夫参加一些有益的文体活动，运动量不要太大，也有益身心。妻子不要频繁在家里召开年轻朋友的欢乐聚会，创造一个安宁的家庭环境。家具一定要结实、耐用。学会一些简单的急救常识，总有用得上的时候。

4. 正确看待名利

不要期望自己的老公是摇钱树，一旦结婚就可以拥有和支配他的全部财产。

5. 性生活的协调

一般男子的性欲高峰期在18～25岁左右，40～50岁以后就明显弱于从前；而女子的性欲高峰期在30～40岁左右。年龄相差越大，妻子年轻时，两人性生活的协调就越困难。这样的夫妻在结婚之前，应该做好性心理调适。

男性应根据自己的意愿和身体状况安排性生活，控制其强度和次数。其次，男性要以丰富的性经验来弥补体力的不足。

对于年龄相差20岁以上的夫妻来说，则应注意性生活的安全性。如果男方体力充沛，性生活的频率可以稍高些，如果精力不济，则不妨少过性生活。性生活不能过于剧烈，一旦出现不适，需暂停性交，并喝一点白糖水，帮助恢复体力。

怀孕前的健康准备

每对夫妇都盼望生一个健美聪慧的孩子，怀孕前的健康准备就显得尤为重要。为了给宝宝一个良好的开端，你需要做一些生活方式的改变，这里的的建议供你参考。

一、患哪些病暂时或终生不宜怀孕

新郎患有心脏病、肝炎、肾炎、肺结核、糖尿病、甲状腺机能亢进、哮喘、癫痫等疾病的，妻子暂时不宜怀孕；患有腹腔、盆腔、乳腺、甲状腺等部位良性肿瘤，在孕前应手术或治疗，以免孕期疾病加重，难以处理。一方或双方痴呆或精神病患者，终生不宜怀孕。严重的心脏病、平时心脏功能不好或有心力衰竭者，也终生不宜怀孕，以免孕后加重病情，带来生命危险。因此，患有这类疾病者应在婚后采取绝育措施。

二、进行遗传病咨询

了解双方家属中有无遗传病史、近亲婚配史、高龄孕妇、反复流产史、死胎史。对分娩过先天愚型的孕妇，必须作产前诊断，重点监护。

三、慎用药物

孕8周前，慎用药物。研究发现胎儿畸形因用药引起的约占5%~6%。

四、停止使用避孕药

如果一直用避孕药，建议在停用几个月之后再怀孕。如果怀孕是在服用避孕药期间，立即停药并咨询医生。

五、预防病毒感染

某些病毒和药物都可促进胚胎期间遗传病的形成，因此，孕期应特别注意预防风疹等病毒感染，不滥用药物，以保障胎儿安全。

六、避免与有毒有害物质接触

接触过工农业生产中的有害化学制剂，以及长期接触大剂量放射性元素等的女性，应脱离接触半年后再妊娠，并应该注意坚持产前诊断。

七、改变工作环境

如因工作原因经常并规律地整天站着、长时间飞行或暴露于化学或放射性物质中，应该考虑做一些工作调整。

八、停止酗酒、吸烟

孕妇吸烟、饮酒，包括被动吸烟，都可引起胎儿发育迟缓，引起胎儿智力迟钝、运动障碍、脑积水等。

九、改善饮食

吃一些真正需要的食物，也就是说一天至少三餐均衡的饮食，该饮食应包括能提供健康身体所必需的维生素和矿物质的四大类食品。其中对健康孕妇最为重要的两种营养素就是钙和叶酸。别忘了坚持喝牛奶、吃柑橘类的水果和喝果汁、深绿色叶子的蔬菜、坚果、豆类、带皮的谷物、强化面包和谷类。

十、达到一个健康的体重

控制体重，从选择低脂、高纤维的食物开始。需注意，还要有适当的运动配合平衡膳食。研究者发现，低体重的母亲有分娩低体重儿的倾向。

十一、开始补充维生素

健康人摄取均衡饮食时是不需要维生素补剂的。产前补充维生素（或多用途的多种维生素）是为了保证孕妇获得足够的几种重要的维他命和矿物质。其中位列第一的是叶酸——一种预防胎儿发育过程中神经管畸形的B族维生素。

十二、制订锻炼计划并坚持执行

一个好的、均衡的健身计划可以提供三方面重要的益处：耐久力、力量和柔韧性，这是你应付日复一日的母亲生活的压力所需要的。至少应在怀孕前3个月开始健身，这可以使你在怀孕期更容易保持活跃的生活方式，使孕期生活更轻松度过。健身运动包括跑、走跑交替、散步、游泳、骑自行车和有氧运动。但是，其中有些运动相当激烈，不能在怀孕早期采纳。所有上述的运动，你都要缓慢的开始，不要让你的身体太疲劳。

准爸爸的健康准备

生孩子不仅是女人的事情，老公也是直接参与者，而且孩子的健康与否和准爸爸也有很大关系。如果你们决定生个健康的宝宝，就应提前做好一系列的准备。

一、避免精神状态长期不佳

人的大脑皮层处于正常工作状态的时候，全身的神经、内分泌功能稳定，睾丸的生精功能以及性功能都正常。相反，如果长期处于压抑、沮丧、悲观、忧愁等状态下，大脑皮层的工作便会失调，全身神经、内分泌功能会出现异常，睾丸的生精功能和性功能都会发生障碍，有可能会产生质量不高的精子或出现不育。

二、避免饮食不良或偏食

科学研究发现，人类精子的产生与饮食成分有关，食物中一旦缺乏钙、磷、维生素A、维生素E等物质，精子的产生就会受到影响，或者产生一些质量差、受孕能力弱的精子。如果营养不良或偏食，都可能减少这些物质的摄入。

三、避免性生活过频或不当

尽管睾丸每天可以产生几亿个精子，但精子还必须在睾丸里发育成熟，一次射精之后，一般需要5～7天才能使有生育能力的精子数量恢复正常。所以，过于频繁的性生活，每次射精的实际精子数量都会减少，并且会有不正常的精子产生，如果此时受孕，宝宝的健康不保。另外，性欲过剩、性交中断、手淫或性生活不规则（如长期分居）等不当现象，会导致慢性前列腺充血，发生无菌性前列腺炎，造成前列腺分泌异常，直接影响到精液的营养成分、数量、黏稠度等，有可能诱发不育或精子异常。

四、戒烟、严禁酗酒

有些男性的身体对于烟酒中的毒素颇为敏感，尤其是睾丸中的生殖细胞更易受到这些毒素的危害，精子产生的数量和质量都会受到影响，导致不育或畸形儿的产生。据专家分析，尼古丁有降低性激素分泌和杀伤精子的作用；每天吸30支烟的男人，其精子的存活率只有49%。因此，至少戒烟三个月以上，妻子才能怀孕，否则，丈夫体内残存的尼古丁会造成流产、死产、胎盘损伤以及生出低体重儿、畸形、发育不健全的婴儿。饮酒与吸烟一样，长期饮酒或大量饮酒会造成慢性或急性酒精中毒，造成70%的精子发育不良或丧失活动能力。有酒瘾的准爸爸们就提前一个月戒酒。

五、避免穿紧身裤

紧身三角裤或牛仔裤会使阴囊和睾丸紧贴身体，增加睾丸的局部温度，有碍健康精子的产生。

六、避免洗热水浴或桑拿浴

人类睾丸产生精子的适宜温度是35.5～36℃，比体温低1～1.5℃，现代医学发现，当阴囊局部受热，会引起睾丸生精功能的障碍。如果用很热的水沐浴，尤其是像桑拿浴那样坐在很热的小屋里，等于给阴囊频繁加热，精子的产量会骤然减少。

七、孕前三个月不能服药

精子的成熟周期大约为3个月。精子的发育要经历初级精母细胞—次级精母细胞—精细胞—精子的过程，这个过程大约要70天。之后的20天，精子会在附睾里面发育成熟。这期间服药会使得精子发生诱变，因为所服用的药物很可能是一种染色体致畸剂。

八、注意居室环境

一般新居装修完三个月或半年后，才可入住。如果想在新居室怀宝宝，还要注意房中有无化学毒物的污染、石材的放射线是否超标，尽量避免计算机、微波炉的辐射。

九、适量补充维生素和微量元素

营养状况的好坏与男性生育能力有很大关系。有一些营养物质是男性生殖生理活动所必需的，如果体内缺少了这些物质，就会有碍于性腺的正常发育和精子的生成，严重者可以导致不育。维生素A、B和E都能增强生精功能。一般认为，维生素A缺乏可使精子能力减弱，维生素E缺乏会使睾丸受损。此外，人体内的微量元素对男性的生育力也有重要影响。研究表明，锌、锰、硒等元素参与了男性睾丸酮的合成和运载、精子的活动和受精等生殖生理活动。体内缺锌可以导致男性性腺功能低下，睾丸变小、质软、精子生成减少或停止；缺锰可使男性发生精子成熟障碍，导致精子减少；缺硒会减少精子活动所需的能量来源，使精子的活动力下降。

什么年龄怀孕最好

女性什么时候生孩子好呢？这要根据夫妻双方的年龄和工作、经济、身体等多方面状况而定。但这些条件当中最重要的是妻子的年龄。妻子的年龄直接关系到将来胎儿的健康及分娩的顺利与否。

一般认为，女子在24～29岁是生育的旺盛时期，生孩子比较理想，而在身体最健壮的25～26岁时生育最好。生育年龄过晚，对母亲或孩子都有不良影响，女性生育年龄最好不超过30岁，最晚不要超过35岁。

医学上把35岁生第一胎的产妇称为高龄初产妇，高龄初产妇妊娠期发生各种合并症的机会增加，如容易引起高血压和糖尿病。35岁以后生育第一胎，由于产道和会阴、骨盆的关节变硬，生产时子宫开口较慢，分娩时间会延长，容易造成难产。而且，畸形胎儿或先天性愚型形儿的发病率比30岁以前的产妇明显增加。

当然，也并不是说每位高龄初产妇妊娠和分娩都会发生问题。不过，高龄产妇妊娠后，一定要定期到医院检查，及时发现问题，及时处理。

什么季节怀孕最好

选择怀孕季节要考虑多方面的因素：呼吸新鲜空气方便与否，穿衣服行动方便与否，瓜果食品丰富与否，病毒感染期能否回避等。

胎儿的大脑皮层在孕期的头3个月形成，4～9个月发育最快，这时需要足够的氧气和营养。所以，最好把这一时期安排在春秋季，孕妇便可以多在室外散步呼吸新鲜空气。若在秋天，还有丰富的新鲜蔬菜和水果上市，孕妇可以充分地进食营养。

四、五月份气候适中，气温变化小，风景宜人，给产妇分娩、哺乳和产后身体恢复，婴儿的生长发育都能带来很多的方便。所以，从这一角度来看，八、九月份即夏秋之交也是怀孕的较好季节。

冬末春初是流行病猖獗时期，病毒性传染多。病毒可以引起胎儿的先天缺陷，怀孕头3个月是胚胎的敏感期，若受病毒感染，易成为畸胎。所以，从健康的角度来看，最好不要在冬末春初怀孕。

综上所述，夏、秋季节怀孕，可使胚胎在头3个月避开流行病毒感染，又有利于孕妇多在室外散步，充分吸收氧气，还有大量的水果蔬菜供应，以保证母子合理的营养结构和营养量。春季分娩为产妇和婴儿提供了良好恢复和生长的气候条件。所以，夏季秋季可以说是理想的怀孕季节。

什么时候最易怀孕

调查表明：婚后不避孕1月内或停避孕后1月内受孕率为53%；3个月内为77%；6个月内为88%；一年之内为92%。所以，有正常生育能力的年轻夫妇大可不必操之过急。

研究表示：人类卵子在排卵后最多只有12~24小时的寿命。精子活力持续时间在较大程度上受女性生殖道内环境的影响。射精后如精子留在阴道里8小时就会死亡；如果精子进入宫颈内，而宫颈管内黏液性状、酸碱度比较适宜的话，精子可存活3天。因此，一般多主张让精子提前几天进入女性生殖道去等候卵子，与卵子相会，这样，受精机会较大。

怎样选择受孕时机呢？首先，确定排卵日期；排卵前5天避免性生活，以保证精子数量和质量；宫颈黏液开始有拉丝反应时，提示即将排卵，可隔天性交；拉丝度最佳的一天最接近排卵，应选择此日性交；在排卵后3天或基础体温处于上升水平后3天内仍有受孕可能，可隔日性交。

研究发现，做爱的最佳时间是下午5~7时。因为无论是精子的数量还是质量，一天中变化都很大，而这段时间则达到高峰，恰好也在此时，女性最容易受孕。

在以下这些时期最好避免受孕：

1. 情绪压抑时；
2. 蜜月时；
3. 旅行途中；
4. 患病期间；
5. 高龄；

第六章　婚后圆舞曲

6. 停用避孕药或取环后三个月内；

7. 接触放射性和剧毒性物质后；

8. 早产、流产和清除葡萄胎后；

9. 抽烟喝酒期间；

10. 炎热和严寒季节。

怎样判断是否怀孕

自己可以判断是否怀孕了吗？以下几个信号可以帮助太太们自我判断。

1. 基础体温升高后不下降。这是受孕后最早的一种现象，因此，要想尽早地判断是否怀孕，应坚持测试基础体温。

2. 闭经。即月经过期不来。

3. 使用验孕纸，如果使用得当，有相当高的准确性。

4. 早孕反应。一般发生在闭经40天左右，常常出现不同程度的恶心、呕吐、嗜睡、食欲不振、厌油腻、喜酸辣等早孕反应。

5. 乳房发胀、触痛，乳晕范围逐渐增大，颜色加深，乳头变黑、隆起。

6. 小便次数增多。由于胎儿的生长，使子宫体不断增大，向前压迫膀胱，所以孕妇的小便次数增加。

验孕试纸怎么用

很多女性已习惯用验孕试纸来测试自己是否怀孕，而医院里也通常用此法来检验。验孕试纸用起来很方便也很快捷，但它会不会给出错误信息呢？

由于测试方法不当，女性在家里用试纸自测试，精确率一般只能达到50%～75%的。如果能够不折不扣地根据说明正确使用试纸，测试准确率就有可能接近100%。

此外，还有测试最佳时间的问题。试纸自测的工作原理是检测HCG值，即人体绒毛膜促性腺激素的值。一般在怀孕几天后它就会出现在尿液里，但由于量少，开始不易测验出来，直到10天至14天才日益明显。过早做尿液测试，所呈现的阴性可能是错误的。测试时间最好放在早上，这时的尿液一般有最高的HCG值。如果在晚间做怀孕自测，准确率也会或多或少地受到影响。

怎样提高自我检测的准确度呢？

1. 查看试纸的生产日期，不要使用过期的试纸，因为化学药剂时间长了就会失效。

2. 在月经迟来一周后测试，准确率较高。

3. 具体操作前，仔细阅读使用说明，然后一丝不苟地地按照说明去做。

4. 如果对测试结果拿不准，最好咨询医生，在医生的指导下完成测试。例如，喝水过多尿液稀释，医生会提示重新测试一次。

5. 如果自测结果呈阴性，1周之后月经仍未来潮，应再做一次自测。

6. 观察自己的症状。早孕症状有：恶心呕吐、疲劳乏力、尿频、乳房发胀、偏食、嗜睡等。不管自测结果如何，应该想到自测也许会有误，最好去医院检查。

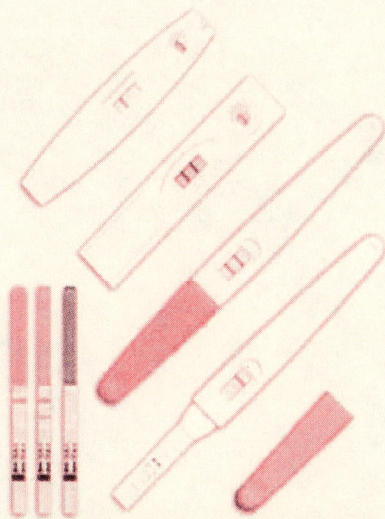

非诚勿扰

Chapter7
第七章 Ⅲ

婚姻交响曲

　　交响曲（Symphony）一词源于古希腊，原义为"共响"。至中世纪，指两音谐和地结合，有时亦指某种乐器。

　　交响曲是器乐体裁的一种，是管弦乐队演奏的包含多个乐章的大型套曲。源于意大利歌剧序曲，海顿时定型。基本特点为：第一乐章快板，采用奏鸣曲式；第二乐章速度徐缓，采用二部曲式或三部曲式等；第三乐章速度中庸或稍快，为小步舞曲或诙谐曲；第四乐章又称"终乐章"，速度迅疾，采用回旋曲式奏鸣曲式等。

　　婚姻生活就是由多个乐章组成的一部交响曲，时而欢快，时而跳跃；时而急促，时而舒缓，又充满着甜美、欢愉和谐趣。

　　婚姻生活更多的是恬淡宁静、似水般的日子。贝多芬的《第六交响曲》，也称《田园交响曲》，展示了清新自然的生活心态。聆听《田园》，做一段愉悦舒畅的精神之旅，沿途的景致与乐曲的旋律交织在一起，或恬淡飘逸，或素净空灵，或质朴亲切，或明快豪放，宛如品味一首首中国古代的山水田园诗。

　　婚姻不是恋爱的终结，婚姻是另一种情感历程的开始，这个空间很广阔很深邃，让音乐响起来吧，乐声里有重温初恋时光的美妙感觉，这里有历久弥新的恋爱味道，有相携走过的往昔岁月……

幸福婚姻的真谛

　　一个人时，善待自己；两个人时，善待对方。

一滴水能反映太阳的光辉，一份完美的爱情可以映照整个婚姻。

幸福婚姻是充满爱的。困顿时，两人就像共同搬运重物的两只蚂蚁；富足时，又像花丛中双双飞舞的蝴蝶。

相信爱情的女人不会单纯地因为一个男人的财富而嫁给他，一个好女人也不会因为男人一时的经济窘境而离开他。

有一句话说得很好："但凡男女感情，都极为难得，又十分美丽。每个男女，都有种种身体、心灵的缺憾，但在发生感情的时候，却能把这些缺点都忽略了，只留下美丽。这种与生俱来的伟大的忽略天赋，使人类得以繁衍，生生不息。"

婚姻也需要经营

这个世界就这么不完美，你想得到些什么就不得不失去些什么。

当恋爱中的男女又向前迈出一步结为夫妻之后，就开始步入人生的一条漫漫征程，谁不希望自己的婚姻幸福美满？谁不冀美满的婚姻给人以情感的愉悦？谁不希望自己的婚姻如同一股无形的精神力量支持着你，帮助你在事业上取得更大的成功？那么，怎样才能撑起这幸福的风帆呢？

营造完美的夫妻关系需要男女双方去营造，去细心呵护。它与其他许多艰难而伟大的事业一样，是一个赢得人心、赢得合作的过程，是需要用心血去经营的。它需要耐心，更需要智慧；需要胆识，更需要谋略；需要做人的技巧，更需要收服人心的手段。

一、平等相处、互敬互爱

现代男女在人格上是平等的，正因为平等，才走到了一起，共同走进一个家。互敬就是尊重对方的工作、劳动及学习，尊重对方的兴趣爱好，尊重对方的人格。互爱就是相互间为对方的幸福去做所需要的一切。

夫妻两人都是独立的个体，看待问题处理问题的方式多少会有差别，如果发生意见不统一的情况，要相互体谅相互理解，多从对方的角度去考虑问题，一旦一方动怒，另一方要谦让一些；一方出现错误，另一方也不要不依不饶。

这个社会给了男性太多的经济压力，妻子要多关心丈夫，当他拖着疲惫的身躯回家，为他泡杯茶；丈夫平时再忙，也要尽量抽出时间陪陪妻子，因为女人除了需要物质享受外，还需要精神上的抚慰，不要忽视了妻子的感受。

婚姻的目的，就是营造一个温馨的小窝。夫妻平等相处，是夫妻和睦、家庭幸福的前提。

二、相互忠诚和信任

忠诚是婚姻坚实的基础，而信任是维护夫妻感情的最基本要素。夫妻之间彼此忠诚是首要的，同时也需要充分的信任。

作为女人，应该掌握一个度，既要防范丈夫移情，又要给他足够的个人空间。这是一门学问，需要女人自己去体会和总结。

有一个女人，她要老公把每月工资如数上缴，仅留100元作为零花钱。她认为男人手上没钱，就没法变坏了。其实，一个男人真想出轨的话，是管不住的，而且男女都一样。

夫妻之间要建立一种信任，不可互相猜忌。有的人整日如临大敌，惶惶不安，偷看对方手机、电子邮件，限制与异性朋友交往，都是不可取的笨办法。如果你在对方的心目中没有

了位置，无论你如何看守都是看不住的。相反，这些极端的做法会伤害你的爱人，倒有可能把他推到了别人的怀抱。

三、互相有责任感

责任不是花前月下的浪漫，而是平淡日常生活中的悉心呵护。在爱人生病的时候，为她倒水端药；在他（她）遇到烦心事的时候，你能耐心地倾听他（她）的诉说，帮助他（她）排解心中的苦闷；当你们的生活遇到窘境的时候，坦然面对，共渡难关。

四、正确看待对方的缺点

热恋中的男女在对方的心目中都是完美的，也看不到对方的缺点和毛病。一旦结婚以后，更多的是看到了对方的缺点。本来同样的一个缺点，结婚前看不到或是把它看得很小，婚后却成倍地被放大了。此时，不要单方面用自己的标准去要求爱人。

既然你接受了她（他），就要接受对方的所有，包括缺点。你们可以争辩，有益的争论可以了解对方的观点，掌握矛盾的关键，最终解决问题。万一是不能忍受的缺点，就帮助对方克服，找到你们的平衡点。相信没有哪一个缺点大到以结束婚姻为代价。

五、谁也别想试图改变谁

夫妻之间的任何一方都不应该太自负，应该允许对方犯错。家里的大事小情也不能总按照一个人的意见办。当你试图改变对方的时候，先尝试改变自己。

六、维护对方在亲友心中的形象

男人是自尊的动物，自尊的程度往往超过女性。太太可以撒娇，但不可耍赖，要注意给老公留面子，尤其是在有外人的时候。如此，当你们回到两人世界时，老公会加倍地报答你。

七、教育孩子的问题上要处理好

教育孩子不能一方严加管教，另一方溺爱有加，不仅孩子教育不好，还给夫妻之间的关系带来阴影。在孩子面前，夫妻最好不要争执甚

至吵架，这样不利于孩子的心理健康。

八、合理分担家务劳动

普通家庭里，家务劳动也是比较繁重的，做饭、洗衣、照顾老人和孩子不能都是女人的事情。现代女性与男性同样需要在职场打拼，也有自己社会活动，没有理由让女人承担全部的家务。两人可以依据自己的喜好，合理分工。

九、孝敬老人

孝敬老人是中国人的传统美德，即使是潮男潮女也不能例外，双方都有照顾老人的义务，甚至是祖父母。尤其要处理好与对方老人的关系，这种关系非常复杂，母女之间产生隔阂，双方都能原谅，婆媳之间出现矛盾必须及时解开。

十、建立和谐的性生活

性生活是维持夫妻爱情的纽带，完满的性生活有利于婚姻的稳固。性爱对于男人来说，是一种身体和精神的安慰；而对于女人来说，是一副保持青春的好药。对于家庭，性爱是最好的婚姻润滑剂。

保持爱情天长地久的方式

夫妻怎样使感情常新，是很多人困惑的问题。这个有一个"三乘三"的爱情保鲜计划。一天三次，一次三分钟。即"三A"计划：

1. 全神贯注（Attention）

在我们日常生活中，我们能给别人最好的礼物是时间。放掉你手边的所有工作，关掉手机，专心地听对方说话，会让对方感到莫大的欣慰。

2. 浓情蜜意（Affection）

非口语的沟通，即肢体语言的沟通，会带给对方极大的温暖和甜蜜。没事记得多抱抱对方。

3. 相互欣赏（Appreciation）

要出于真心地赞美对方，欣赏对方的优点。

每一个成熟的女性身体里都有个非常幼稚的小女孩，每一个幼稚小女孩体内都有个幼稚的小问号，那就是我到底有没有讨人喜欢。在这个时候你需要学会称赞对方。当然，称赞对方外貌、身材是个不错的选择，或者赞美她照顾家庭的能力也是不可忽视的。

当然，每一个成熟的男性身体里都有个非常幼稚的小男孩，每一个幼稚的小男孩体内都有个可笑的小问号，那就是我有没有让人家瞧不起？不管变得多成熟的男性，这个小问号依然存在。你要学会给他肯定，从来没有什么事情比这种肯定更能让男性信心百倍。

夫妻需要约会吗？

当然需要，不仅需要，还要约出新意和感觉。只有这样，夫妻间才能保持感情常新。教你几招吧。

一、经常回忆热恋

重回热恋时约会的餐厅，重温那段两情依依、片刻难离的美妙时光。结婚以后，经常回忆婚前的热恋情景，并在回忆中增加浪漫情感，从而更加向往未来，唤起夫妻的感情共鸣。

二、安排再度"蜜月"

结婚时的蜜月，是夫妻俩感情最浓的时期。那时，两人抛开一切纷扰，完全进入赛过蜜糖的爱情天地，享受"伊甸园"之乐。婚后，如果能利用节假日，每年安排时间不等的"蜜月"，如来个异地旅游，再造两人的爱情小天地，重温昔日的美梦，定能不断掀起爱河波澜，使夫妻感情越来越浓。

三、庆祝纪念节日

结婚纪念日、对方生日、定情纪念日等，是夫妻双方爱情史上的重要日子。届时，采取适当形式，予以纪念，使双方都感到对方对自己怀有很深的爱意，这对于巩固夫妻感情作用甚大。

四、补偿往昔情债

拖着爱人的手，一起逛个街吧。不少夫妇结婚时由于条件所限，未能采取理想的形式来回报对方的爱意，如未能度蜜月，未能给爱人买一件像样的礼物等等。若干年后，当条件具备时，记着完成这些当初未尽事宜，以偿还过去欠下的情债，感情此时定会成倍激增。如不少先生婚后给太太买首饰，许多已过而立之年的夫妇补拍结婚彩照，等等。

五、学会取悦爱人

有些男女，婚前与对方约会时，总要想方设法取悦对方，但结婚以后便不再在意对方对自己的感受。这种做法是会损伤夫妻感情的。所以，婚后，女子还要一如既往地温柔贤淑，对先生呵护关心；而男人则应细心体味妻子的内心感受，不但要处处体贴爱护娇妻，而且还要学习一些取悦妻子的技艺，如作她购买服装的高参，帮她制订美容计划；甚至，经常讲笑话给老婆听，也是一种示爱方式。

六、创造点意外惊喜

出乎意料地使对方惊喜，常会起到感情"兴奋剂"的作用。如瞒着对方，将他在远方的亲人接来会晤，为对方买一样盼望很久的礼物，安排一场浪漫温馨的烛光晚餐，等等，都可使意外惊喜油然而生，从而在惊喜中迸发出强烈的感情之花，掀起欢腾的爱情热浪。

七、适当来点小别

"小别胜新婚"。挑个阳光明媚的日子，各自出游几天吧。在过了一段平静的夫妻生活后，有意识地离开对方一段时间，故意培养双方对爱人的思念，再欢快地相聚。这时，就能使夫妻俩思念的感情热浪交织成愉悦的重逢狂欢，把平静的夫妻感情推向一个新的高峰。

八、注意自身形象

和爱人一起逛商场吧，你来当一次设计师，把对方打扮成你喜欢的样子。有些伴侣，婚后衣着、容颜等不再讲究，不修边幅。其实，注意自身形象，不但可以取悦对方，也是在公共场合下为对方争面子的需要。

九、重回二人世界

把孩子托付给亲朋几天，过一下二人世界吧。不少夫妇，在有了孩子后，往往把情感全用到了儿女身上，每每忽视了爱人的感情需要。应该知道，对爱人的感情也需要持续投入的。

十、留足浴爱时间

如果厌烦了家里的味道，不如走出家门，换一种气氛和心情。在陌生的处所，一定有别样的欣喜和触动。这一时间与空间，只属于自己和爱人。

夫妻吵架的艺术

大多数人都认为，争论有害于夫妻之间的感情，所以，有的人为了家庭的稳定宁可保持"沉默"。但是从心理学的角度分析，适当的争论可以增进夫妻感情。

一、争吵可以形成正确的意见

一个人对事物的认识可能带有很大的局限性，提出的意见也势必带有片面性，只有夫妻之间进行适当的争论，才能把事情越辩越清，把道理越辩越明，才能避免决策失误，利益受损。如果一味地听从和迁就一方的意见，难免会给家庭带

来不愉快。

二、争吵可以化解夫妻矛盾

夫妻之间最大的感情危机就是有了矛盾后保持沉默，结果是矛盾越积越深，疙瘩越结越大，感情越疏越远，发展成不可调和的矛盾。夫妻之间有矛盾不可怕，是很正常的。只有及时适当地争论，才能知道对方的心思和意见，才能明是非、知对错，才能根据问题的症结进行"对症下药"，通过开展批评与自我批评，达到沟通思想、化解矛盾的目的。

三、争吵可以缓解心理压力

在家庭心理治疗中，心理医生经常会鼓励夫妻争论。有时夫妻在咨询室里就能吵得很厉害，这样做是因为争论起码还是沟通的一种形式，起码说明夫妻之间还"有关系"、"有瓜葛"、"在意对方"，而不是"陌路人"。夫妻如果能够把心里话含着眼泪和委屈说出来，才能把积郁在心中的不良情绪发泄出来，有利身心健康。

四、可以营造出家庭的民主氛围

通过争吵，可以把各自的想法充分地表达出来，体现出家庭权利的平等，体会到一方对另一方的尊重。但是，凡事都要有个度，夫妻在争论中也是一样，要把握好争论的分寸和范围，要一事一议，就事论事；千万不要把过去"陈芝麻、烂谷子"的事都搬出来，特别是不能把以前有争议的事和伤心的事再提出来，以防因过去不愉快的事而影响到现在争论的氛围。另外，不要像大人训斥小孩那样争论，而是要把对方当做平等的成年人来说理。争论的结果要听从有理的一方，而不是胡搅蛮缠。

做个成熟美丽的好太太

女人要学会修炼自己，未婚女人要修炼自己，已婚女人更要学会修炼，炼成一个美丽而成熟的好太太，让老公心里眼里只想到自己。漫漫婚姻路，要注意积累心得。

1. 保持沟通

夫妻间的沟通很重要，心里高兴了，心里不痛快了，都和老公说说吧，前提是不要过分夸张、小题大做。

通常情况下，男人不太愿意把自己的心里话都说出来，就算痛苦到极点，也只会想到借酒消愁，那么妻子就应多多体贴，主动和老公谈话，他即使没有全盘托出，至少也能说出大半。这样，你就知道怎么安慰他了。时间长了，自然而然，夫妻之间的沟通就可以畅行无阻了。

2. 相互信任

信任，说起来简单，做起来很难。现在的社会，有太多诱惑，谁能保证自己的老公永远专一？深夜带着一身酒气回到家，你可能会不自觉地闻他身上有没有女人的香水味，看他领子上有没有口红印；看见他捧着手机用短信聊个不停，心里难免生出疑惑，趁他洗澡的时候翻看他的手机，查看有没有可疑的短信。

可是，非要如此吗？这样女人太累。有时候夫妻间的感情就像沙子一样，你抓得越紧，失去的越多，你不紧不松地握着，反而会有意想不到的收获。

3. 在特别纪念日里提醒他

再心细的男人都会粗枝大叶，他会忘记哪天是结婚纪念日，哪天是你的生日，不要盼望他会给你惊喜。在特别纪念日快来的时候提前几天告诉他，叫他别忘了给你买礼物。虽然少了一份惊喜的感受，但总比忘掉要好。当他把礼物拿出来的瞬间，你会感到温暖。

4. 善待自己

很多女人结婚后就变成黄脸婆，对自己很节省，衣服不舍得买，化妆品用最廉价的，因为要省钱出来供房子、养孩子。

但是，女人不要忘记对自己多照顾一些，打扮得美丽一些，保持自己长久的魅力，才能抓住老公的心。

5. 给双方留些私人空间

不要总去挖他的秘密。虽然你们已经是最亲密的夫妻，并不代表他的一切都归你掌控。人人都有他独立的空间，他并不是你的一半，你也不是他的一半。只要他对你足够忠心，对你足够重视，就多留点儿空间给他，让他也有自己的小秘密吧！

6. 学会做饭

俗话说，想抓住一个男人，首先要抓住他的胃。烧得一手好菜的女性是让人迷恋的。另外，你可以让老公知道，他不在你身边时，你一样会活得很好，会把自己喂得好好的。相爱的两个人可以爱到地老天荒，但在现实生活中，并不是谁缺了谁就活不下去，女人要学会独立。

7. 一定要有自己的朋友圈

很多已婚女人结婚前，朋友成堆，去哪里都能三五成群，可是婚后不久，朋友们渐渐失去联系，心里眼里就只有老公和孩子了。老公也有他自己的圈子，孩子终究会长大，如果你没有自己的朋友圈将会很悲。从前的闺蜜不能疏远，你需要倾诉的时候最需要她们，也要团结几个异性死党和玩伴。

8. 不要将"离婚"挂在嘴边

吵架不可避免，吵到情绪失控处，可能会想到离婚，可能还会用话语相互伤害。但冷静之后，要相互道歉，不要总将离婚放在心里，挂在嘴边。也不要总是等着老公先说好话，有时也要自己先说"对不起"。男人天生不是有耐心的动物，多宠他一点吧，他会用其他的方式回报你的。

9. 不断读书，提升自己

女人漂亮还不行，还得要有气质和智慧。书上说，腹有诗书气自华，书读得多，气质自然就有了，智慧也相应地提升了。男人不会喜欢自己的妻子无知，相反，他们大多都希望自己的娇妻有智慧。就算不漂亮也没关系，容颜总有老去的一天，只要你有智慧，就永远有魅力。

10. 对老公的家人保持友好

没有血缘关系，也没长期生活在一起，想要和老公的家人有多么深厚的感情，那是不太现实的，维持良好关系就算达到目的了。倘若遇到不明事理的公婆，就尽量少交往。同时遵守一条原则：永远不要当着老公的面说他父母的坏话，不要抱怨他的兄弟姐妹。你在他心里的位置再重要，也不会超过他的父母，这是个不争的事实。如果一个男人只在乎你而忽视自己父母的存在，他就不能称之为男人了。

婆媳之间怎样相处

婆媳关系也是家庭内部人际关系中最微妙、最难处的一种关系。

俗话说："婆媳亲，全家和。"这话是说婆媳关系融洽与否直接影响着整个家庭中其他人际关系，如夫妻关系、亲子关系、兄弟姐妹关系以及祖孙关系。

一、婆媳关系容易失调的主要原因

1. 关系的特殊性

家庭的基本关系有两种：一是夫妻关系，一是亲子关系，两者构成了家庭结构的基础。其他关系，如兄弟姐妹关系、姑嫂关系以及婆媳关系、祖孙关系都是在此基础上派生出来的。婆媳关系在家庭人际关系中有其特殊性。它既不是婚姻关系，也无血缘联系，而是以上两种关系为中介结成的特殊关系。因此，这种人际关系一无亲子关系所具有的稳定性，二无婚姻关系所具有的密切性，它是由亲子关系和夫妻关系的延伸而形成的。如果处理得好，婆婆和媳妇各自"爱屋及乌"——婆婆因爱儿子而爱媳妇，媳妇因爱丈夫而爱婆婆，各得其所，关系就会融洽。但是如果处理不好则婆媳之间会出现裂痕，难以弥补。

2. 利益分歧

婆媳同在一个家庭中生活，有共同的归属，自然也就有着共同的经济利益，双方也自然都希望家庭兴旺发达。这是婆媳利益一致的一面。但同时也常常在家庭事务管理权、支配权等方面发生分歧，出现矛盾，甚至明争暗斗。有的婆婆做了几十年的内当家，现在要把权力交给媳妇，对于这种角色的转换，往往一下不太适应。有的婆婆虽已年过花甲，却仍希望继续保持在家庭中的经济支配权，如果媳妇不甘让步，就

难免发生矛盾。

3．相互接纳不良

婆媳原来各自生活在不同的家庭之中，各有自己的生活背景、生活习性，而现在婆媳在一家生活，这就有一个逐步了解、相互适应的过程。如果适应不良，彼此不能接纳，便会关系紧张，矛盾丛生。

4．中介失衡

在婆媳关系中，儿子起着十分重要的中介作用。这种中介作用如果发挥得好，则可以加强婆媳之间的情感联系，反之，则容易成为矛盾的焦点，出现"两面受敌"的困境。尽管母子情深，此时也容易出现裂痕。因为夫妻之间毕竟在活动、开支以及交往等方面有着更多的共同点。夫妻观点的一致性往往要超过母子观点的一致性。毕竟儿子和母亲相隔一代，在心理上存在着差异。如果母亲不理解这种差异，就会产生"娶了媳妇忘了娘"的心态，误认为儿子对自己的感情被儿媳夺去了，而迁怒于儿媳。

二、婆媳关系的调适

分析了婆媳关系失调的原因之后，究竟怎样科学地处理婆媳之间的关系呢？

1．相互尊重与谅解

婆媳双方要妥善处理彼此之间的关系，首先要对这种人际关系有正确的认识。婆媳双方都要承认对方有独立的人格和经济地位，双方之间是一种平等的人际关系，而不是支配与被支配的关系。

婆媳之间的相互尊重要求家中有事全家协商处理，如经济开支、涉及全家的事务等要共同商量，养成民主家风；而属于个人的"私事"，则应互不干涉，个人享有

"自主权"。媳妇要多尊敬婆婆，因为婆婆毕竟管家经验丰富；婆婆也不要在媳妇面前摆架子，多看到儿媳的长处，多尊重儿媳的意见。我们的先辈在处理人际关系中所提倡的"设身处地"、"以己度人"、"己所不欲，勿施于人"等原则，都包含着谅解的思想，是处理人际关系的金玉良言，也完全适合于处理婆媳关系。

2. 避免争吵

心理学告诉我们，消极而强烈的情绪容易使人失去理性，导致冲突升级；争吵还具有"惯性"，即一旦因一点小事"开战"，日后往往有事便吵，久而久之，成见会越来越大。因此，婆媳之间出现了分歧时，双方一定要保持冷静的头脑。当一方情绪反应激烈时，另一方应保持冷静与沉默，或者寻机回避，等事态平息后再交换意见、处理问题。

此外，婆媳双方平日有了意见，切忌向邻居、同事或朋友诉说。有这样一句俗语："捐东西越捐越少，捎话越捎越多。"说的就是"传话"在人际关系中的不良作用。婆媳失和，向亲朋邻里倾诉，传来传去，面目全非，只会加剧矛盾。

3. 物质上的孝敬与情感上的交流相结合

作为儿媳要和婆婆搞好关系，除了物质上孝敬之外，还应注意和婆婆搞好感情交流，消除心理上的隔阂。只有彼此心理及时沟通，双方的心理距离才会缩短。因此，做媳妇的平日里要经常向婆婆问寒问暖，每逢老人身体不适，更需悉心照料，使老人在精神上得到安慰。

4. 发挥儿子的中介作用

儿子作为婆媳关系的中介点，对婆媳双方的性格特点最为了解。因此，儿子在处理婆媳关系中起着十分重要的中介作用。这种作用主要是：①儿子可以帮助婆媳进行心理沟通。所谓"沟通"就是人与人之间的心理和情感上的交流。通过儿子的沟通，婆媳之间可以更容易地消除心理上的屏障，增进感情。平日家中有什么关于婆婆的好事，儿子可以多叫妻子出面，例如母亲过生日，买了东西叫妻子出面送给老人等。②婆媳之间发生矛盾时，儿子可以起疏导作用。由于婆媳之间既缺少母子间的亲切，又没有夫妇间的密切，因而出现了隔阂往往不易消除，通过儿子从中周旋，可以消除心理屏障，使婆媳和好如初。

5. 下一代的抚养和教育问题

老人对孙辈的喜爱程度甚至超过对自己儿子的疼爱。但老年人和青年人在教育孩子的方式上毕竟有差异，出现摩擦时，老人往往感到委屈，自己辛苦的付出晚辈们却不领情。对此，送婆婆们一剂良方，孙子毕竟是儿子儿媳的孩子，他们想怎样教育是他们自己的事情，婆婆只有建议权，没有决定权。老年人也要善于接受新的教育方式。

妯娌之间怎样相处

哥哥和弟弟结婚后，他们的妻子合称妯娌。现在的城市家庭大多只有一个孩子，妯娌关系已经不多见了。

一个大家庭里，妯娌关系是否融洽，对家庭的和睦、安宁很有影响。妯娌来自不同的家庭，过去互相并不了解，各有各的性格、脾气。在娘家她们是姑娘，到了婆家成为嫂子或弟妹，新的家庭环境有所变化，相互之间稍不注意，容易产生误会。特别是在一些有关利害得失的问题上，如果各不相让，便会引起矛盾和冲突。

妯娌之间应该怎样和睦相处呢？

1. 妯娌之间应以礼相待，文明相处，如果能情同姐妹就更好了，亲近的关系比较容易沟通思想。

2. 共同协助公婆、丈夫计划好家庭经济问题，合理安排家务劳动。家庭经济和家务劳动安排不当，最容易引起家庭矛盾。嫂子要关心弟妹，弟妹要尊重嫂子，共同孝敬公婆。

3. 互相多看对方的长处、好处，不互相挑毛病，决不背后议论对方，更不要动不动就向公婆或丈夫"告状"。人无完人，妯娌之间应互相取长补短，互相学习优点。妯娌之间要宽宏大量，不要总是疑心公婆偏袒对方。

4. 孩子间的小摩擦，如谁拿了谁的玩具，谁多吃了家里的什么东西等小事，也会影响到妯娌间的关系。对孩子的问题要问清原因，教育自己孩子要有谦让精神，不能护短，不能互相指责。

姑嫂之间怎样相处

姑嫂关系和妯娌关系一样，需要互敬互爱，嫂嫂爱小姑，小姑敬嫂嫂，就有和睦相处的基础。

一般来说，嫂嫂刚刚成为自己家庭的成员，对家里的生活习惯，老人的性格、脾气，邻里关系都不大熟悉，小姑应热情地向嫂嫂介绍，让她尽快地消除陌生感。小姑还应和嫂嫂一起共同做家务，共同关心、照顾好老人的生活。

嫂嫂要从各个方面关怀、体贴小姑，家务事要尽量多做一些。对于还要学习或已工作但尚未结婚的小姑，嫂嫂更应在生活上尽量照顾，让她业余生活过得愉快，并应在学习上、工作上、恋爱上倾注自己对小姑的深切关怀。对小姑不要有嫉妒心。总疑心婆婆偏爱小姑，就会产生隔膜。小姑年纪小，有时可能说话没分寸，做事不够周全，当嫂嫂的应有肚量，不要过于计较。

孝敬老人的艺术

人进入老年，由于生理功能的衰退和一些疾病的折磨，在心理上会出现一些变化。作为晚辈应了解老年人心理的这些变化，体贴他们，体谅他们，使老年人愉快幸福，家庭和睦。因此，注意下面几点是重要的。

一、不要公开顶撞老人

老年人的自尊心往往很强，即使他在家中已经不是处于主导地位了，但还是喜欢发表一些"权威性的意见"。对此，小辈切忌公开顶撞，特别不要在外人面前公开顶撞。老年人往往习惯于某些处理问题的方式，尽管有些方式方法已不合时宜。对老人不正确的做法，不应嘲笑；对老人的固执己见，也不应顶撞，而应该耐心地把意见听完，采纳其中合理的成分。

二、不要限制老人的活动

老人退休后，会突然感到生活冷落下来，甚至有被隔绝的感觉。此时，他们往往渴望找点事做做，渴望与人交往。因此，晚辈们不要替代老人做他们能做的事，使他们处于孤独状态。相反，应积极鼓励并安排老年人从事一些力所能及的工作，或参加一些社会活动，使他们生活得充实而有意义。

三、帮助老人热爱新生活

怀旧现象是老年人的一大心理特点，人到老年，往往喜欢回忆过去的生活，并经常诉说往事，乐此不倦。他们往往从怀旧中得到某些精神安慰，但过多沉缅往事也会对老人身心健康不利，因此，晚辈们应多劝慰老人，使他们热爱现实生活。

四、不要厌烦老人的衰退

一些老年人由于视觉减退，不能胜任某种工作或参加某些活动而情绪消沉；由于听觉迟钝而再三询问，或者因误听别人的话而情绪激动；由于味觉失灵，对茶饭不满而发脾气，等等。这些生理和心理的变化，往往使一些老年人感到自卑和懊恼，小辈应体贴老人的这些心理变化，鼓励他们对生活充满信心。

五、不要嘲笑老人的"返童现象"

有些人到了老年，会变得贪吃、贪玩，表现得很天真，像个孩子，这就是心理学上所说的"返童现象"。这种现象，妇女多于男子，文化素养低的多于文化素养高的。对此，小辈切忌有过多的埋怨，而应当多观察老人的需求，在合理而可能的范围内设法满足老人的需求。

六、不要嫌老人唠叨

有时，老人的唠叨只是一种自我的释放，不需要儿女真正地认可和执行，所以，对老人宽容些吧，毕竟我们自己也有衰老的一天。

怎样防止婚外恋

婚外恋是诱发婚变的重要原因，许多爱情破裂、家庭分离皆因于此。调查表明，约有50%以上的已婚妇女和70%以上的已婚男子至少有过一次出轨的想法。

一、丰富你们的生活

桑德福博士在其《中年性生活调节》一书中曾指出，单调重复、枯燥乏味的生活是引发情变的祸因。结婚几年后，热情开始冷却，彼此在身心方面再也没有神秘的诱惑，对比之下，婚外恋则含有许多奇趣，如挑逗、追求、悬念、激情、冒险和自由等。如果夫妻双方不能探索、寻找出新的、更令人满意的生活方式的话，一些不甘寂寞者便会寻找外来的片刻之欢。

夫妻生活应设法充实，不致空虚。一起读书、旅游、培养共同的爱好，做一切使双方感兴趣的事情，爱情生活就会充满变化、活力和生机。

二、不要让配偶感到孤独

心理学家发现，孤独感是促成外遇的主要原因。如果夫妻缺乏亲切友好的感情交流，孤独感便会油然而生。爱情像一团火，缺乏燃料的燃烧是不会长久的。爱情生活的维系需要双方的努力，只要彼此心中时刻想念着对方，不必每日厮守在一起，也不会感到寂寞。

三、注意尊重配偶的感情

夫妻间争吵过多，所谓"大吵三六九，小吵天天有"的话，就会使

感情受到伤害而产生隔阂。"哀莫大于心死"，当一方饱受伤害之苦而达到忍无可忍时，就会使之对婚姻丧失信心。

四、正确调节性生活

性生活是维持夫妻爱情的纽带；它不仅是肉体的交媾，而且还伴随着情感的交流。夫妻间如有一方把精力全部投入到工作之中，忽略了对配偶的关心，结果会造成配偶对夫妻之间的性关系冷淡，而在有可能的情况下，便会去寻找新的性关系。

在这方面，女性的责任似乎更多一些。一般说来，男性对性生活的渴望要比女性强烈，有时为了得到性爱的机会，不得不在妻子面前委曲求全，有些女性发现了这个秘密，便把性生活当成要挟和制约对方的手段；但就在她们自鸣得意之时，厌倦和反感也悄悄植根于丈夫的意识之中。

既然是现代女性，就该及时转变自己的性观念，在性爱中，多与先生交流，了解他说不出口的想法。要明白，性爱也是一种责任。

五、对离婚有充分认识

社会心理学家认为，婚外恋之所以呈上升的趋势，一部分原因还在于缺乏真正的离婚自由。当今社会对离婚的观念还很陈旧，一些已经"死亡"的婚姻，由于受到来自各个方面的限制，觉得离婚的代价太大而望而却步。因此，离婚的充分自由也是减少婚外恋现象和提高婚姻稳定性的因素之一。

有人买了一只不停亏损的股票，就像面对一段无法挽救的婚姻，该不该抛出就跟是否应该离婚一样困扰着他。在事情上所花出去的所有成本，比如耗费的时间、金钱等，当这些成本无法回收时，在经济学上被成为沉没成本。为什么我们不愿意离开一个不健康的婚姻，为什么不愿意放弃一个没有价值的股票，原因是我们不愿意去承认这些沉没成本再也无法回收的事实。认清这一点后，就明白这该分手时不如选择分手。

遭遇家庭暴力如何维权

家庭暴力是指家庭成员中一方对另一方实施暴力的行为。其形式包括殴打、罚跪、捆绑、拘禁等体罚形式，也包括威胁、恐吓、辱骂等精神虐待。家庭暴力使受害者身体受到伤害，精神上感到痛苦，身体健康和人格尊严极大损害。家庭暴力发生于有血缘、婚姻、收养关系而生活在一起的家庭成员间，如丈夫对妻子、父母对子女、成年子女对父母等，但妇女受丈夫的暴力侵害是最普遍的，她们受到的身心伤害也最大。家庭暴力尤其指丈夫对妻子施暴，不过在一些家庭，妻子虐待丈夫的现象也是存在的。家庭暴力会带来家庭成员中的死亡、重伤、轻伤、身体疼痛或精神痛苦，从动手打、烟头烧，到惨不忍睹地在妻子会阴处缝线、上锁，乃至高楼推妻、肢解妻子等，轻的受害者被暴打得鼻青脸肿、体无完肤，重的造成重伤和死亡。有的妻子精神上痛不欲生，采取极端手段杀害丈夫，产生了不少悲剧。

一、家庭暴力产生的根源

家庭是社会的细胞，家庭暴力威胁着受害家庭成员的身体健康和生命安全，有时甚至会造成家庭毁灭的悲剧，给社会和家庭稳定造成了严重的危害。诱发家庭暴力的原因何在呢？

1. 认识水平低

施暴者思想简单，文化水平低，认为武力可以征服其他家庭成员、解决一切家庭矛盾纠纷。

2. 法律意识淡薄

有不少家庭暴力者不但是文盲，更是法盲。丈夫殴打、残害妻子，媳妇虐待、侮辱公婆的现象时有发生，受害人常常以"家丑不可外扬"、"清官难断家务事"为由而忍气吞声，助长了加害人的嚣张气焰。

3. 传统观念作祟

在家庭成员中，因受到封建思想的毒害，个别人"重男轻女"的传统观念根深蒂固，不计后果伤害女性。

4. 拜金色彩严重

在"亲不亲财帛分"等一切向钱看思想影响下，有的人被金钱冲昏了头脑，荣耻不分，是非不辨，把本应友善和睦的亲情关系染上拜金色彩。

5. 道德水准下降

中华民族一向注重弘扬尊老爱幼、男女平等、互相忠诚的家庭美德，但在现实生活中，有的家庭成员平时不注重加强自身修养，伦理道德水准下降，一旦发生家庭矛盾纠纷，往往采取违反社会公德的过激行为。

6. 家庭信任危机

家庭的稳定应建立在夫妻之间互相信任的基础之上，然而随着社会经济的快速发展和人们思想观念的转变，夫妻之间牢固的感情基础受到外来因素的冲击，导致互相猜疑，产生信任危机，引发家庭暴力犯罪。

二、家庭暴力的危害

目前，家庭暴力在我国现实环境下已经从作为家庭纠纷的"一般问题"上升为"社会问题"，因家庭暴力犯罪对社会造成的危害也已从多方面凸现出来，主要有：

1. 家庭暴力犯罪成为婚姻和家庭关系破裂的主要原因。

2. 家庭暴力严重威胁受害者的身心健康和生命安全。家庭暴力对受害者的伤害主要是身体和精神上的，不但形式、手段多样，而且有的还十分残忍。

3. 家庭暴力犯罪影响社会的稳定和安定团结。

4. 家庭暴力犯罪严重影响未成年人的身心健康。

5. 家庭暴力犯罪亵渎法律的权威，破坏法律的严肃性。

三、怎样应对家庭暴力

1. 丈夫的第一次家庭暴力不可忽视。许多恶性的家庭暴力案件，都是因为妻子一再退让，而导致丈夫肆无忌惮。如果丈夫的第一次施暴行为轻易得逞，事后丈夫又没认识到这种施暴行为的严重性和法律后果，其施暴行为就会逐渐升级，愈演愈烈。建议面对第一次家庭暴力时，妻子应当及时通报丈夫单位和丈夫的父母亲友，同时对丈夫的这种行为发出警告。

2．如果暴力正在发生，妻子要尽最大可能保证自己和孩子的人身安全。如有生命危险，要大声呼救，尽可能让邻居听到或寻找机会拨打报警电话110。

3．如果暴力已经发生，要注意收集证据。受害妇女应尽快到就近医院诊治，告诉医生受伤的真实原因，千万不要隐瞒，并请医生详细、准确、客观地记录伤情，为进一步寻求司法鉴定创造条件。

4．可向当地妇联求救，寻求维权援助。许多妇女遭遇家庭暴力后，在向各级妇联组织投诉时，既不愿留下自己的名字，也不愿留下自己的地址。妇联在接到这类电话投诉后，由于找不到受害人，因此无法为受害妇女提供援助。因此，受虐妇女在投诉时，一定要留下自己的真实姓名和地址，而妇联也一定会及时地为其提供帮助，并做好保密工作。

5．可以诉诸法律，利用法律武器维护自己的合法权益。凡是实施家庭暴力的，应由公安机关依法按照治安管理处罚条例，对加害者予以处罚。构成犯罪的，应该依法追究刑事责任。

因家庭暴力受害方要求离婚的，有关机关经调解无效，应准予离婚，解除受害者的痛苦，避免悲剧发生。由于暴力引起离婚的，无过错方有权请求损害赔偿。

四、家庭冷暴力的应对措施

家庭冷暴力指通过暗示威胁、语言攻击、经济和性方面的控制等方式，达到用精神折磨、摧残对方的目的。家庭冷暴力中不出现肉体摧残，但其产生的巨大心理压力会使对方接近崩溃，同时伴随着的是婚姻的隔阂与不信任，最终导致婚姻的结束。值得注意的是，在实施家庭暴力时候，多是男性针对女性；而在家庭冷暴力事件中，男女双方都有可能成为实施暴力的一方。遭遇家庭冷暴力该怎么办呢？

1．夫妻双方不愿说话，可以采用其他方式交流，比如留纸条、发短信、写邮件等。

2．如果家里有孩子，可以从孩子的学习、工作、生活等方面的话

题入手逐步地产生交流，达到沟通的畅通。如果没有孩子，可以考虑在中间增加一个媒介。

3．先暂时回避容易引起矛盾的话题，先说一些无关紧要的问题，然后逐步地真诚地进行沟通。

4．妻子在丈夫的眼中永远都是弱者，即使你再有能力，丈夫也有保护你的想法。妻子可去迎合他的这种想法，为丈夫创造保护你的机会，只要坚持，时间长了两个人的感情会大有改观。

5．把家内冷色调的灯光换成暖色调的，在对方回家前将灯光调暗，都会令爱人觉得非常温馨，从而消除冷战的气氛。

结　语

让婚姻美满幸福的11个定律

爱河里找不到成功的捷径，婚姻中也没有绝对的金科玉律。不过有些方法却可以帮助你，让婚姻更美好。

定律1：糊涂定律

婚前，双眼都要睁开；婚后，要睁一只眼、闭一只眼。

就算你天生慧眼，恐怕也不一定能把爱看个清楚。说不定，当你努力想看清楚的时候，会伤了眼睛，更伤了和气。

所以，耳聪目明的你在结婚以后，一定要懂得"装傻"。大方向一定要计较清楚，例如一个人的品德与价值观；小地方就不妨任由他去，例如："为什么迟到那么久？"，"昨天口袋里的钱花到哪里去了？"

无论爱情进展到哪一个阶段，这个原则都适用。所以，越聪明的女人越知道幸福婚姻需要模糊地带。

定律2：倾诉定律

说得多，不如说得好。谈到沟通，不少人误以为必须把心里的想

法和感受全部说出来。其实，夫妻双方必须学习过滤说话的内容，对两人关系有伤害性的内容就不要说。夫妻相处久了，对于配偶的好恶应该有一定程度的了解，知道哪些话题是对方的禁忌，别一再去触碰这个伤口。比如丈夫的学历不高，对有关学历的谈话比较敏感，做妻子的就不要以此为话题，避免伤害丈夫的自尊心。

完全袒露，不如有所保留。常见的婚姻理论之一是夫妻间必须绝对的坦白，不可隐藏秘密。而如果说话毫无保留，完全诚实，结果会使得对方产生负面的情绪，那就不如有所保留。毕竟，负面情绪累积多了，必然腐蚀婚姻关系。例如，妻子说："我今天遇到你以前交往过的陈小姐，她还是一样的迷人。"丈夫说："她本来就很迷人，像她这样的女性不多，我想很多男人都会喜欢她。"这位丈夫很诚实地把他的想法和感受说出来，恐怕会让妻子怀疑他仍旧怀念着以前的情人，使两人的关系蒙上阴影。

一吐为快，不如等待时机。一般人只顾自己此时此刻的情绪，非得一吐为快，却忽略了听者现在是否听得进自己所说的话。当一个人烦闷疲惫的时候，会不再有余力去倾听和关注配偶的诉说，反过来也会使说话者因不受重视而心生挫折感。所以沟通意见或讨论事情，最好选择双方心平气和的时机，才能产生良好的结果。

定律3：倾听定律

倾听比诉说更重要。

婚姻中的你往往急于表达自己的意见，忽略了对方在说什么，而造成各说各的话的后果，沟通品质也大打折扣。倾听是指站在对方的立场上，用心去了解对方的言语与非言语动作所表达的讯息。不仅要听到对方说什么，还要观察到对方非言语动作所蕴涵的意义，注意到其手势、表情、神态、声调、身体动作。当一个人心口不一时，往往可从非语言信息中看到真正的含意。然后对于所听到、观察到的，给予适当而简短的反应，让对方知道你在听，也会让对方感受到尊重。

定律4：争吵定律

书中前面对于争吵已经有所讨论。争吵的最好结局是达成新的谅解，而争吵的危险倾向是算旧账、翻老底。

定律5：谈判定律

作为女人，应该懂得，撒娇比剑拔弩张更实用。

人与人相处是没有逻辑的。夫妻争执，是无可逃避的家庭现象。要成立家室，就得不断学习谈判之道。

懂得生活的女性总是刚柔相济，刚毅与温情的完美结合能够创造奇迹。

定律6：保密定律

不要同邻人或亲友谈论你的婚姻问题，因为你不可能找木匠来拔你的牙。

同你的邻居和亲戚谈论你的婚姻问题是个大错误。比如，一个女人对邻居说："他从不给我钱花，对我母亲很坏，酗酒，经常骂人或侮辱人。"她这样做其实是在贬低她的男人，在邻人的眼里他已不是一个好男人了。为什么要让这么多的人知道你婚姻消极面呢？

亲戚朋友有时只会以同情的方式为你出一些带有偏见的主意，因为这事与他们无关。任何有损于你们夫妻之间关系的建议都是错误的。还有一点要记住的就是，任何一对生活在同一屋檐下的夫妻，不可能不发生摩擦，有时甚至相互冲突。因此，不要向朋友暴露这些不快之事。

定律7：劝说定律

夫妻闹矛盾，劝的人越多，越不容易解决。因此，出现矛盾时，切记谨守以上的保密定律。

定律8：遗忘定律

当天的事情当天了结，不要记在心上。

睡前要原谅对方。家庭是建立在相互尊重的基础上的，不要对对方的行为胡思乱想。要相互赞扬对方，减少批评和抱怨。饭桌上不要提及

争论的事或令人担忧的事。对你的伴侣说："你做得真不错，我心里很满足。"如果你们这样做了，你们的婚姻就会变得更加美好。

定律9：保险定律

和他的旧时情人成为朋友，把爱情放在最危险也是最安全的地方。

两个曾经相爱的人无论因为什么样的原因分开，其间总会有一种难以表述的特殊感情。人的记忆总是习惯记录下美好的瞬间，所以，即使是痛苦的恋情也会变成一段值得品味的回忆。就像电影中经常描述的那样，一个人在30年后见到了初恋情人，仍会有不少故事发生。旧时情人是一种极具杀伤力的武器，随时会导致严重后果。想保护好自己的爱情，没有比和对方的旧时情人成为朋友更好的办法了，毕竟最危险的地方也就是最安全的地方。把她和他的联系，变成两个家庭的联系，把所有隐秘的关系变得透明，不失为明智之举。两个家庭在一起的时候，每个人都希望自己的家庭看起来比对方的家庭幸福，就像两个分子，当其内部的原子紧密结合的时候，便不容易发生反应，这正是婚姻中期望的结果。

定律10：多少定律

少点儿争吵，多点儿沟通。在发生争执的时候，千万要避免过激的言语和举动，试着把问题冷处理，等双方都心平气和的时候再慢慢地沟通。

少擅自做主，多商量。不管多大的事，和他商量过了再做，让他感觉到自己的重要性，从而增加他对这个家的责任感。

少吩咐，多动手。当你要求他做某件事，他却无动于衷，故意不理睬的时候，千万别发火。自己动手去做，做完了再和他理论。

少批评，多鼓励。有人说，要做到无视他的缺点。当然，对于无伤大雅的缺点这话适用。但遇到一些致命的缺点就需要你去细心地、适时地给他指出来，让他认同你的观点，心甘情愿地去改变，当他有进步时，一定要给予鼓励。

定律11：左右手定律

婚后的人们，左手是风花雪月，右手是油盐酱醋。

风花雪月自然迷人，可是，仅有风花雪月的爱情和婚姻，更像个空中楼阁。生活的柴米油盐，就是给这个楼阁建一个坚固的地基，让爱情和婚姻的大厦，变得稳固，坚不可摧。